ARRÊT

DU CONSEIL D'ÉTAT PRIVÉ

DU ROI,

Qui casse les huit Arréts du Parlement de Rouen, des 11 Août 1779, 8, 10 & 15 Mars, 19 & 24 Avril, & 12 Mai 1780, & généralement toute la Procédure relative, soit à l'intervention du Sieur Duval Despréménil, soit à la reprise d'instance de la Comtesse d'Aché, dans le Procès Criminel du feu Comte de Lally & autres Parties ; Évoque ledit Procès Criminel attribué·au Parlement de Rouen par l'Arrêt de Cassation du 25 Mai 1778, & le renvoie au Parlement de Dijon ; ordonne, du propre mouvement, qu'il sera passé outre à l'instruction & au Jugement dudit Procès, nonobstant toute opposition ; donne acte au Comte de Lally-Tolendal, & autres parties, de leurs réserves contre le Sieur Duval, notamment pour les Ecrits & Libelles dont il a inondé toute la France :

Sur les Requétes, y insérées, du Comte de Lally-Tolendal, Curateur à la mémoire du feu Comte de Lally, son père ; du Sieur Alen de Saint-Wolston, ci-devant Major-Général de l'armée de l'Inde, & du Sieur de Poully, ci-devant Grand-Prévôt de ladite armée.

A PARIS,

DE L'IMPRIMERIE DE VALADE.

D. DCC. LXXXI.

ARRÊT

DU CONSEIL D'ÉTAT PRIVÉ,

DU ROI,

Qui casse les huit Arrêts du Parlement de Rouen, &c.

Extrait des Regiſtres du Conſeil d'État Privé du Roi.

SUR LA REQUÊTE préſentée au ROI, en ſon Conſeil, par LUC-ALEN DE SAINT-WOLSTON, Chevalier, Lieutenant-Colonel à la ſuite du Régiment de Berwick, Chevalier de l'Ordre Royal & Militaire de Saint-Louis, ci-devant Major du Régiment de Lally, & Major-Général de l'armée de l'Inde :

CONTENANT, que le Suppliant eſt obligé de dénoncer à Sa Majeſté un Arrêt rendu contre lui par le Parlement de

A ij

Rouen, le 24 Avril dernier ; Arrêt qui renverse toutes les formes de l'ordre judiciaire, qui fronde le texte littéral & précis de l'Ordonnance, qui expose enfin le Suppliant & d'autres Accusés à gémir, pendant des années entieres, dans les liens d'une Procédure criminelle, & sous le joug d'un dé-cret de prise-de-corps, tandis que Sa Majesté les avoit renvoyés à ce Tribunal, pour y obtenir non-seulement *bonne*, mais *brieve Justice*.

Le Suppliant n'exposera point ici, de nouveau, des faits connus du Roi & de son Conseil. On sait que, sans autre crime que celui d'avoir été scrupuleusement fidèle à tous ses devoirs, & de n'avoir pas voulu participer aux cabales for-mées contre son Général, il a été victime de la haine dont il n'avoir pas voulu être l'Agent : qu'enveloppé dans la disgrace du feu Comte de Lally, il a été calomnié, accusé, décrété, emprisonné, ruiné, & enfin humilié par un Arrêt qui ne l'a pas même déchargé des accusations chimériques intentées contre lui, & qui l'a mis simplement *hors de Cour* : que son innocence a été pleinement attestée par deux Lettres particu-lières du Juge même, au rapport duquel étoit intervenu l'Arrêt qui l'avoit compromise : qu'enfin, peu satisfait d'une réparation secrette & privée, quand il existoit un monument public & judiciaire, qui le livroit, sinon à la honte, du moins au soupçon, il a attaqué, avec le Comte de Lally fils, l'Arrêt du 6 Mai 1766, source funeste de tous leurs malheurs ; que le Roi a cassé cet Arrêt le 25 Mai 1778, & a renvoyé le Procès au Parlement de Rouen, devant lequel le Suppliant se trouve depuis deux ans *in reatu*, enlevé à sa famille, à son état, & décrété de prise-de-corps.

Tout fembloit annoncer au Suppliant le terme de fes peines & la fatisfaction éclatante qu'il mérite, lorfque le fieur Duval d'Efpréménil, Confeiller au Parlement de Paris, eft venu le replonger dans un nouvel abîme, en arrêtant abfolument le cours du Procès. Ce Magiftrat a demandé à être reçu Partie intervenante dans ce Procès, fous prétexte de prétendues injures confignées dans les Mémoires du feu Comte de Lally contre le fieur de Leyrit, oncle du fieur d'Efpréménil; injures que le fieur d'Efpréménil avoue avoir connues autrefois, & dont il avoue ne s'être pas plaint; injures dont il n'a pas voulu demander raifon au Comte de Lally vivant, & dont il vient aujourd'hui demander raifon à fa cendre. Il a préfenté fa Requête d'intervention le 9 Août 1779, & le fur-lendemain un Arrêt de cette Cour a ordonné qu'*elle feroit fignifiée à toutes les Parties, pour en venir d l'Audience.*

Le Suppliant a été forcé d'entendre d'abord les Plaidoiries refpectives des deux Parties principales.

Il a entendu le fieur d'Efpréménil annoncer qu'il alloit remuer tout le fond du Procès, fans daigner même s'occuper d'offrir un feul moyen d'intervention, & fe livrer à une diffamation, tantôt précife, tantôt vague, mais toujours également fcandaleufe, contre les Comtes de Lally père & fils, & contre tous ceux qu'il a pu foupçonner d'avoir contribué à la vengeance de l'un, à la confolation de l'autre, & à la juftice qui leur étoit due à tous les deux. Le Suppliant s'eft vu lui-même, ainfi que tous les autres co-accufés, finon nommé, du moins défigné, & cruellement compromis dans cette diffamation.

Il a entendu ensuite le Comte de Lally-Tolendal opposer au sieur d'Espréménil des fins de non-recevoir invincibles, mais en même-temps se livrer à plusieurs détails, qu'il a cru nécessaires pour défendre son père publiquement outragé, & pour effacer l'impression qu'avoit pu produire le sieur d'Espréménil; détails cependant, dans lesquels il a évité avec soin toute inculpation sur la conduite du sieur de Leyrit dans l'Inde, & toute discussion sur le fond de l'intervention proposée par le sieur d'Espréménil.

Le Suppliant a enfin pris la parole. Étranger au principe des contestations particulières qui peuvent exister entre le sieur d'Espréménil & le Comte de Lally-Tolendal, il s'en faut bien qu'il le soit aux effets qu'elles produiroient, si elles venoient surcharger le Procès qui tient en suspends son état, sa liberté, son honneur. Intéressé à être jugé promptement, il a combattu une intervention qui empêcheroit peut-être qu'il le fût jamais. Il a écarté tous les détails auxquels s'étoient abandonnés, soit le sieur d'Espréménil, dans le dessein de soulever le public, soit le Comte de Lally, dans l'intention de le détromper. Il a réduit la cause à son seul & unique point; & dans un Plaidoyer qu'il joint à cette Requête, il a établi, 1°. quel étoit son intérêt pour s'opposer à l'intervention; 2°. quel étoit le principe & le but de cette intervention; 3°. par combien de moyens elle étoit non-recevable & vexatoire. Il a fini en *réclamant la Loi claire & précise*, qui veut que, dans tous les Procès, les fins de non-recevoir soient objectées, discutées & jugées avant d'entrer au fond. Il a demandé un Jugement préalable sur ces fins de non-recevoir.

Sa Plaidoirie terminée , un événement marqué par des caractères bien étranges, mais fur lequel le Suppliant s'impofe
filence, a enlevé à toutes les Parties deux de leurs Juges , également précieux par leurs lumières & par leur intégrité , le
fieur premier Préfident , & le fieur de Vaubabon. Le Comte
de Lally-Tolendal a élevé fur cet objet une réclamation auffi
infructueufe, qu'elle paroiffoit jufte & raifonnable. Il a été
déclaré non-recevable & mal fondé ; mal fondé fans qu'on eût
même procédé à la vérification des faits qu'il demandoit. Il
s'eft retiré des Audiences, après avoir annoncé une proteftation , & il n'y a plus reparu.

Le fieur d'Efpréménil , enhardi par l'abfence du Comte de
Lally fils, s'eft jetté plus que jamais dans le fond du Procès Criminel de 1766. Il a repris tout ce Procès en entier. Il a décrit ,
à fa maniere, toute l'expédition de l'Inde , Siéges, Batailles ,
Opérations Militaires , Politiques, Civiles. En un mot il a
répété tout ce qui avoit été configné par le Jéfuite Lavaur
dans fon Libelle, & par les Dénonciateurs Témoins dans leurs
dénonciations & dépofitions.

A la feconde Audience , le Suppliant qui n'avoit déja donné
que trop de preuves de patience, a demandé, par le miniftère
de fon Avocat, & l'Ordonnance en main, qu'il fût fait droit
préalablement fur fes fins de non-recevoir ; il a pris les conclufions fuivantes : « A ce qu'il plaife à la Cour , conformément
» à fes proteftations antérieures, à la fignification de ce jour ,
» faite avant l'Audience, & aux termes de l'article 5 du titre 5
» de l'Ordonnance de 1667, lui accorder acte, 1°. de ce qu'il
» protefte formellement de nullité contre tout examen &
» toute difcuffion que le fieur d'Efpréménil voudroit faire &

» auroit fait, foit du fond du Procès Criminel, foit du fond
» de fon intervention : 2°. de ce qu'il s'oppofe formellement
» à cet examen & à cette difcuffion : 3°. de ce qu'il foutient
» que ledit fieur d'Efpréménil doit répondre préalablement à
» la fin de non - recevoir qu'il lui objecte contre ladite inter-
» vention : 4°. de ce qu'il demande un jugement préalable fur
» ce foutien & fur la fin de non - recevoir ; en conféquence
» ordonner que le fieur d'Efpréménil répondra préalablement
» à ladite fin de non - recevoir, fans difcuter le fonds, foit de
» l'intervention, foit du Procès Criminel, & qu'il fera préala-
» blement ftatué fur cette fin de non - recevoir ; proteftant
» d'avance contre tout ce qui pourroit être fait au contraire ;
» perfiftant en outre à fes proteftations antérieures & à fes con-
» clufions ; fauf auffi toutes autres exceptions de fait & de
» droit ».

Jamais peut-être il ne s'étoit formé une demande plus raifonnable, plus jufte, autorifée par la loi d'une manière plus
pofitive. Cependant le Suppliant a été déclaré *non-recevable.*
Il avoit protefté d'avance contre tout jugement contraire à
fes conclufions, & dès-lors au texte précis de la loi. Il s'eft
retiré des Audiences, auffi-tôt après avoir entendu celui qui
a été prononcé, réfolu de le déférer à Sa Majefté, & d'en
demander l'anéantiffement.

M O Y E N S.

La feule expofition des faits a déja démontré le moyen qui
détruit invinciblement l'Arrêt dont fe plaint le Suppliant. Ce
moyen tire fa force de fa fimplicité même. Il s'agit d'une loi
précife

précife qui a été violée, d'un article formel de l'Ordonnance qui a été enfreint. L'article 5 du titre 5 de l'Ordonnance de 1667, porte : « Dans les défenfes feront employées les » fins de non - recevoir, nullité des exploits, ou autres ex- » ceptions péremptoires, fi aucune y a, *pour y être préalable-* » *ment fait droit* ». La Plaidoirie du Suppliant étoit *fa dé-fenfe* contre l'intervention du fieur d'Efpréménil. *Dans cette défenfe, il employoit des fins de non - recevoir, des exceptions péremptoires. Il devoit y être préalablement fait droit.* Un Arrêt l'a déclaré *non - recevable* à propofer des fins de non-recevoir, *non - recevable* à réclamer l'exécution de l'Ordon-nance. Cet Arrêt porte en lui-même le germe de fa deftruc-tion. Il eft ruiné par la feule lecture des conclufions du fieur Alen, qu'il renferme.

Objecteroit - on au Suppliant que l'Arrêt dont il demande la caffation, n'a pas prononcé le *Débouté*, mais le *Non-Re-cevable* ?

Mais premiérement ; quoique ces fortes d'Arrêts foient moins fujets que les autres à caffation, ils n'en font cepen-dant pas exempts à beaucoup près. Le fieur Préfident B... lui - même, qui a prononcé celui dont il s'agit, a pourfuivi & obtenu au Confeil la caffation d'un autre, rendu contre lui par fes Collegues, & par lequel il avoit été déclaré *non-recevable* à intenter un Procès au fieur B... Avocat.

Secondement, il eft évident que le *non - recevable* n'eft autre chofe ici qu'un *débouté*, déguifé fous des expreffions différentes.

B

En effet, on ne pourroit oppofer à la demande du fieur Alen que deux fins de non-recevoir, l'acquiefcement, ou le défaut d'intérêt.

D'acquiefcement, il eft impoffible d'en fuppofer un, puifque le fieur Alen, dès fa premiere Plaidoirie, s'eft oppofé formellement à toute difcuffion du fond ; puifqu'il a demandé un jugement préalable fur fes fins de non - recevoir & fur fes exceptions péremptoires ; puifqu'il a déclaré formellement au fieur d'Efpréménil (*page 56*) que *s'il ne fuivoit pas cette marche dictée par la loi, il éleveroit un incident* ; puifque le voyant fuivre une marche abfolument contraire, il a élevé cet incident, a réclamé l'exécution de l'Ordonnance, & a protefté contre tout ce qui auroit pu ou pourroit être fait au préjudice de fes conclufions & de l'Ordonnance.

Quant au défaut d'intérêt, pour prouver que l'intervention intéreffe le fieur Alen, il fuffiroit de l'Arrêt du Parlement qui a ordonné que la Requête du fieur d'Efpréménil lui feroit fignifiée. Mais d'ailleurs, à moins d'être aveugle & de vouloir l'être, il eft impoffible de n'être pas frappé & de l'intérêt puiffant qu'a le fieur Alen d'écarter cette intervention ; & du préjudice énorme qu'elle lui a déja porté, & du préjudice plus énorme encore qu'elle peut lui porter par la fuite, & de celui que lui porteroit l'Arrêt attaqué, fi on le laiffoit fubfifter.

Sans l'intervention du fieur d'Efpréménil, les Lettres de *continuatur* que le Roi avoit daigné envoyer à fon Parlement de Rouen au mois d'Août 1779, auroient eu leur effet,

Le Procès eût été jugé, au plus tard, à la fin de Septembre. Le fieur Alen eût été rendu à fa famille, à fon état, aux graces qu'il a droit de prétendre pour fes fervices. Il eût été infailliblement compris dans la promotion qui vient de fe faire. Voilà le préjudice qui lui a déja été porté.

L'avenir eft plus effrayant encore. On ne peut penfer, fans frémir, aux effets que produiroit l'intervention du fieur d'Efpréménil, admife ou jointe au fond ; car, dans la circonftance, ces deux jugemens reviendroient au même. Mais quand cette intervention feroit rejettée, ce qui ne paroît pas devoir faire difficulté, & ce qui n'en a déja fait que trop, l'Arrêt feul dont fe plaint le Suppliant entraîneroit pour lui les fuites les plus funeftes. L'action du fieur d'Efpréménil en couvre peut - être cinquante, peut - être cent de la même nature. Il a écrit lui-même, dans fa Requête, qu'il intervenoit pour raifon d'injures qui lui étoient communes avec la Colonie entiere. Or, fi chaque Intervenant, à l'abri de l'Arrêt du 24 Avril, bravant les fins de non - recevoir & la loi formelle qu'on lui oppofera, vient plaider tour-à-tour ce qui ne fera pas en jugement, & faire, chacun à fa manière, une efpèce de rapport de tout le fond de cet immenfe Procès, qu'on juge pour combien de tems le fieur Alen languit encore dans l'oppreffion, fans fervice, fans récompenfes, fans juftification, accablé d'un décret de prife de corps. Qu'on fonge que l'intervention feule du fieur d'Efpréménil, qui a donné le premier fignal, a déja fufpendu le cours du Procès de neuf mois entiers ; qu'elle a été préfentée le 9 Août 1779, & que nous fommes aujourd'hui au 7 Mai 1780.

Il est donc évident qu'on ne pouvoit opposer au sieur Alen ni acquiescement, ni défaut d'intérêt ; & comme il n'y avoit pas une troisième fin de non-recevoir possible à imaginer contre lui, il s'ensuit, non moins évidemment, que l'Arrêt qui l'a déclaré *non-recevable*, n'a fait autre chose que le *débouter*, & que la première formule, employée ici au lieu de la seconde, est un acte purement dérisoire, à l'abri duquel les Arrêts les plus vicieux échapperoient à la proscription qu'ils méritent, si on pouvoit le tolérer. Il est démontré d'ailleurs qu'un Arrêt qui prononce le *non-recevable*, peut, ainsi qu'un autre, être frappé de cassation, lorsqu'il y a donné une juste matière.

Le Suppliant, pénétré d'un respect religieux pour les Tribunaux Exécuteurs des Loix & Dépositaires de l'autorité Souveraine, se tait sur tous les motifs qui le pressent d'invoquer la Justice Suprême du Roi & de son Conseil. Mais les événemens qui se sont passés récemment sous ses yeux, les sentimens & les discours qu'ils ont excités dans le Public, la fermentation qui a éclaté, la perte de deux Juges aussi dignes de respect que de confiance, les circonstances singulières qui ont accompagné & qui semblent avoir préparé cette perte, la réclamation du Comte de Lally à ce sujet, son inutilité, la réponse inconcevable du sieur d'Espréménil à cette réclamation, enfin l'Arrêt du 24 Avril & la préférence donnée par cet Arrêt au vœu du sieur d'Espréménil sur le vœu de l'Ordonnance, tous ces objets réunis ont porté dans le cœur du sieur Alen une inquiétude involontaire, dont il ne peut trouver le remède qu'aux pieds du Législateur Souverain, aussi juste & aussi impartial que la loi qui émane de lui.

Et pour justifier le contenu en la préfente Requête, le Suppliant y joindra les pièces fuivantes. La première, eft le Plaidoyer que le Suppliant a fait imprimer à Rouen. La deuxième, eft l'Imprimé de la réclamation faite par le fieur Comte de Lally-Tolendal au Parlement de Rouen. La troifième & dernière, du 24 Avril dernier, eft l'Arrêt dont la caffation eft demandée.

Requéroit a ces causes le Suppliant, qu'il plût à Sa Majefté caffer & annuller l'Arrêt du Parlement de Rouen du 24 Avril 1780, rendu contre lui en faveur du fieur Duval d'Efpréménil, ainfi que tout ce qui s'en eft fuivi & pourroit s'enfuivre. Et pour faire droit aux Parties fur l'objet jugé par cet Arrêt, & même fur toutes les demandes principales & incidentes entr'elles & le fieur Procureur-Général, évoquer le tout, & le renvoyer, foit à un Confeil de Guerre, foit aux Requêtes de l'Hôtel au Souverain, ou en tel autre Tribunal qu'il plaira à Sa Majefté; leur en attribuer toute Cour, Jurifdiction & connoiffances, avec interdiction à tous autres Juges; & ordonner que toutes les piéces du Procès criminel actuellement au Greffe du Parlement de Rouen, feront envoyées en celui du Tribunal qu'il plaira à Sa Majefté de nommer. Vu la Requête fignée de Voilquin, Avocat du Suppliant, & de André & Parent, anciens Avocats.

V U AUSSI LA REQUETE préfentée au ROI, en fon Confeil,

par Trophime-Gerard, Comte de Lally de Tollendal, Capitaine de Cavalerie dans le Régiment des Cuiraffiers, Curateur à la mémoire de feu fon père Thomas Artur, Comte de Lally, Seigneur de Tollendal, &c. Lieutenant-Général des Armées du Roi, Grand-Croix de l'Ordre Royal & Militaire de Saint Louis, Infpecteur-Général des Troupes, Colonel d'un Régiment d'Infanterie Irlandaife de fon nom, Syndic de la Compagnie des Indes, Commiffaire du Roi, & Commandant en Chef pour Sa Majefté dans l'Inde :

Par Luc Alen de Saint-Wolston, Lieutenant-Colonel d'Infanterie, ci-devant Major du Régiment de Lally, & Major-Général de l'Armée de l'Inde :

Et par Jacques de Poully, ci-devant Grand-Prévôt de la même Armée :

CONTENANT, a l'égard du sieur Comte de Lally, qu'il eft obligé de fe réfugier une feconde fois aux pieds du Trône, & d'invoquer la Juftice de Sa Majefté contre les reftes d'une cabale, dont la haine n'a pas encore été affouvie par le fang qu'elle a répandu. Au mépris des loix, à la honte de l'humanité, cette cabale, vainement pourfuivie par les cris de l'indignation publique, triomphe juridiquement. Elle vient de furprendre au Parlement de Rouen un Arrêt qui n'a eu d'exemple dans l'Hiftoire d'aucun Tribunal, & que la poftérité regardera comme une fable ; un Arrêt qui bouleverfe toutes les idées reçues, qui offenfe également & la Jurifpru-

dence & la raifon, & le Droit Public & le Droit naturel ;
un Arrêt dont l'effet inévitable ferait de porter l'opprobre
dans les tombeaux, la défolation dans les familles, le trouble
dans la fociété entière ; un Arrêt enfin qui juge, entr'autres
queftions, qu'on peut intervenir dans un Procès de grand criminel, pour y déchirer un mort qui ne peut plus fe défendre,
& pour l'y calomnier impunément, fous prétexte d'intenter
contre lui une action d'injures.

Tel eft l'Arrêt contre lequel le Suppliant réclame. Sans
doute il fuffit de le préfenter, pour le vouer à la profcription,
& la puiffance qui va le détruire regrettera encore de ne pouvoir le faire oublier. Mais fi cet Arrêt effrayant eft né au fein
d'une Procédure monftrueufe elle-même par fes inconfé-
quences, par fes contradictions, par les nullités radicales dont
elle eft infectée, aucune partie de cet enfemble vicieux ne doit
échapper à la deftruction que toutes ont également méritée.
La caffation qui frapperait les unes, & qui épargnerait les
autres, ferait elle-même une nouvelle inconféquence, une
nouvelle contradiction, qu'il n'eft permis de craindre, ni de
la fageffe du Souverain, ni des lumières de fon Confeil.

Le Suppliant va remonter jufqu'à l'origine de cette Procédure, & offrir le détail auffi exact que circonftancié, de tout
ce qui s'eft paffé au Parlement de Rouen.

Le 25 Mai 1778, le Suppliant avait obtenu au Confeil du $FAITS.$
Roi la caffation de l'Arrêt funefte, qui, en 1766, avait condamné à mort fon père innocent. Les co-accufés du feu
Comte de Lally avaient obtenu pareillement la caffation de
leur Arrêt, & le fond du Procès avait été renvoyé au Parle-

ment de Normandie, Grand'Chambre & Tournelle assemblées.

Procédures sur le fond du Procès Criminel. Possesseur du titre qui était, depuis si long-temps, l'objet de ses vœux & de ses travaux, impatient de mettre le dernier sceau à la justification de son pere, & trompé par de faux avis, le Suppliant crut être Partie *de plano* au Parlement de Rouen, comme il l'avait été au Conseil ; il crut avoir qualité pour saisir cette Cour du renvoi, & même pour provoquer le concours de toutes les Parties nécessaires à l'instruction. En conséquence il demanda par Requête, & obtint par Arrêt du 16 Juillet (N°. 1), acte de la présentation de l'Arrêt du Conseil, des Lettres d'attache y jointes, & mandement pour assigner le sieur Procureur-Général & toutes les Parties. Il procéda sur le champ aux fins du mandement qui lui avait été accordé, & le Procès fut distribué.

Les sieurs FERDINAND-BRUNO, & ARTUR-CHARLES-MARIE DU VIVIER-DE-FAY-SOLIGNAC, & le sieur MICHEL-O-DONNEL, neveu, petit-neveu, & cousin du feu Comte de Lally, ayant, dans l'Instance au Conseil, adhéré à toutes les demandes du Comte de Lally fils, leur cousin, crurent devoir donner la même adhésion aux demandes qu'il allait former au Parlement de Rouen. Ils présentèrent Requête, *pour être reçus Parties intervenantes dans le Procès, à l'effet de concourir, autant qu'il ferait en eux, au triomphe de l'innocence & de la piété filiale.* Leurs Requêtes d'interventions furent signifiées au sieur Procureur-Général, avec sommation d'audience.

Le Suppliant ne tarda pas à reconnaître le vice de cette Procédure.

Procédure. D'après des réflexions plus étendues, & des confeils plus multipliés, il vit que non-feulement il n'avait pas
qualité pour faire tout ce qu'il avait fait, mais qu'un Procès
criminel étant un fait individuel & incommunicable, il n'était
pas même Partie, comme fils, au Parlement de Rouen, &
qu'il ne pouvait l'être que comme Curateur à la mémoire du
feu Comte de Lally, conformément à l'article 2 du titre 22
de l'Ordonnance. Inftruit de la marche certaine qu'il devait
tenir, il fe hâta de quitter une route qui l'égarait, pour fuivre
la feule qui lui fût ouverte par la Loi. Par acte du 3 Septembre 1778, il dénonça au fieur Procureur-Général l'Arrêt
du Confeil du 25 Mai précédent, le fupplia, & le fomma en
tant que de befoin, de procéder aux fins dudit Arrêt. Par un
autre acte du même jour, il lui dénonça la Procédure vicieufe
qui avait été faite jufques-là, & le fomma d'interpofer fon
miniftère pour la faire anéantir. Les fieurs Duvivier &
O-Donnel lui dénoncèrent de même les Procédures d'intervention faites en leur nom, & s'en défiftèrent. (N°. 2).

Pendant l'intervalle des vacances, le Suppliant obtint, le
14 Septembre, un fecond Arrêt du Confeil, en explication
de celui du 25 Mai. Les vacances terminées, il dénonça ce
nouvel Arrêt au fieur Procureur-Général par acte du 2 Décembre, & il rappella, il renouvella même dans cet acte
(N°. 2), les dénonciations & fommations du 3 Septembre
précédent.

Le fieur Procureur-Général dreffa fon Réquifitoire. Il fentit
que le renvoi fait à fa Cour du Procès fur lequel étaient inter-
venus autrefois les Arrêts caffés, n'était pas un renvoi pur &

fimple ; qu'il avait été ordonné , & qu'il devait s'exécuter *pofitis ponendis ;* qu'il y avait eû dans le Procès de 1766 des Accufés encore vivans , & qu'il y avait eû un Accufé qui n'exiftait plus ; qu'il fallait faire à l'égard des uns ce qu'on pouvait , & qu'il ne fallait pas faire à l'égard de l'autre ce qu'on ne pouvait plus : il fentit enfin qu'en matière de délit ordinaire , le feu Comte de Lally , d'après la caffation de fon Arrêt , ferait dans le cas d'un homme mort *integri flatûs* , pendant le cours d'un Procès non terminé , & qui ne pouvait plus être foumis à aucune pourfuite , ni l'objet d'aucun Jugement. Mais il obferva dans fon Réquifitoire , que la plainte originaire rendue contre le Général , portait une accufation de *leze-Majefté ;* qu'aux termes de l'Ordonnance , l'on pouvait , fur cette accufation , faire le Procès à la mémoire d'un homme mort , en lui nommant un Curateur. En conféquence , il conclut à ce que la Cour retînt ce Procès , l'inftruisît , & nommât un Curateur. Arrêt intervint le 21 Décembre 1778 , qui retint le Procès , & qui nomma le Suppliant Curateur à la mémoire de fon père (N°. 3). On verra bientôt que cet Arrêt eft le feul acte valide qui ait été fait par le Parlement de Rouen.

Au refte , il eft ici une obfervation bien importante à faire ; c'eft que le fieur Procureur-Général , par ce Réquifitoire , & le Parlement , par cet Arrêt , l'un par la demande , & l'autre par la nomination d'un Curateur , reconnoiffaient , jugeaient irrévocablement , qu'ils ne pouvaient plus pourfuivre & inftruire , à l'égard du feu Comte de Lally , qu'une accufation fufceptible d'être intentée contre une mémoire , qu'une accufation fufceptible d'être inftruite avec un Curateur ; en un mot qu'une accusation de *leze-Majesté* ; c'est que dès-lors ils décidaient d'avance en faveur du Suppliant contre le sieur Duval, la même question qu'ils viennent de décider aujourd'hui en faveur du sieur Duval contre le Suppliant. Il est vrai que le Ministère Public ne s'est pas expliqué par le même organe, que la Cour n'a pas été représentée par les mêmes Juges dans les deux époques : mais le Ministère Public est un, mais la Cour est une, & il est incroyable que l'on n'ait pas été effrayé de la contradiction dans laquelle on se précipitait, en jugeant le 12 Mai 1780, qu'on pouvait intenter contre le Comte de Lally mort *une action d'injures privées*, après avoir jugé le 21 Décembre 1778, qu'on ne pouvait intenter contre ce même Comte de Lally mort qu'une accusation publique de *leze-Majesté.*

Dans le même Réquisitoire, le sieur Procureur-Général s'éleva contre les *interventions* qui lui avaient été signifiées, & généralement contre toute la Procédure faite jusques-là. Il posa pour principe fondamental « QU'IL ÉTAIT SEUL COMPÉ-
» TENT ; QU'IL AVAIT SEUL DROIT DE PROVOQUER L'INS-
» TRUCTION ET LE JUGEMENT DU PROCÈS ; QU'IL ÉTAIT LA
» SEULE PARTIE DES ACCUSÉS, QUI N'AVAIENT ET QUI NE
» POUVAIENT AVOIR AUCUN TITRE POUR REPRENDRE EUX-
» MÊMES LA POURSUITE DE LEUR PROCÈS. Il conclut à ce
» que toute cette Procédure fût déclarée NULLE, COMME
» NON-AVENUE, ET CONTRAIRE AUX REGLES JUDICIAIRES,
» ET A CE QUE LE PROCÈS FÛT MIS EN NOUVELLE DISTRI-
» BUTION, A LA REQUÊTE DU PROCUREUR-GÉNÉRAL DU
» ROI ». Et l'Arrêt reconnut encore le principe fondamental posé dans le Réquisitoire sur cet objet ; & il adopta encore

C ij

les Conclufions ; & il déclara tout ce qui avait été fait jufques-
là , *nul* , *comme non-avenu , & contraire aux règles judiciaires ;
& il ordonna que le Procès ferait mis en nouvelle diftribution ,
à la requéte du Procureur-Général du Roi.* En rapprochant
cet Arrêt des diverfes opérations qui l'ont fuivi , on verra combien de nouvelles contradictions fortent encore de ce rapprochement.

Dans le courant d'Avril 1779 , le Suppliant préfenta une
Requéte , en fa qualité de Curateur , à fin de communication
de Pièces , & il obferva que le refus qui avait été fait à fon
père de cette communication , avait été un des motifs déter-
minans de la caffation. Le Parlement de Rouen ftatua fur la
demande du fils , ce que le Parlement de Paris avait ftatué fur
celle du père. Un Arrêt (N°. 4) joignit la Requête au fond.
Mais parmi les Juges qui votèrent pour ce nouvel Arrêt , fe
trouva le fieur de Coltot , qui n'avait pas concouru à former
celui du 21 Décembre dernier , étant alors abfent de Rouen.
Le fieur de Coltot eft parent , au degré prohibé , du fieur de
Bazin , l'une des Parties accufées au Procès. Il n'ignorait pas fa
parenté , puifqu'il s'en était expliqué lui-même aux Chevaliers
de Gadeville & de Chaponnay. Ce fecond Arrêt , pour lequel
il a voté , eft donc nul aux termes de l'Ordonnance de 1667 :
le deuxième & le quatrième article du titre 24 font formels : le
Juge doit s'abftenir de lui-même , & la nullité ne pourrait pas
même être couverte par *le confentement des Parties.*

Les mois d'Avril , Mai & Juin , furent pour le Suppliant
un temps de chagrins & de contradictions , dont on a peine à
fe former l'idée. Le Procès était en état , & l'on ne voulait

pas s'en occuper. Le Suppliant & tous les Accufés deman-
daient vainement qu'on ne prolongeât pas l'oppreffion fous
laquelle ils gémiffaient depuis dix-fept années entières. Le
Rapporteur * inftruit, demandait vainement qu'on l'écoutât.
Le Miniftère Public (il s'expliquait alors par l'organe du fieur
de Belbœuf) formait vainement les mêmes demandes au nom
de la juftice & de l'humanité. Plufieurs autres Juges ap-
puyaient vainement, & les Accufés, & le Confeiller-Rap-
porteur, & le Miniftère Public ; la pluralité l'emporta.
Arrêt intervint le premier Mai, qui rejetta le rapport à
fept mois. Le Roi fut informé. Il ordonna à M. le Garde
des Sceaux d'écrire. Plufieurs Lettres de ce Miniftre, la
triple réclamation, les foins perfévérans du fieur Premier
Préfident, du fieur Procureur-Général, du fieur Confeiller-
Rapporteur, l'oppofition formée par le fecond à l'Arrêt du
premier Mai, firent enfin révoquer la décifion funefte qu'il
avait confacrée. Un nouvel Arrêt du 26 Juin ordonna qu'il
ferait procédé au rapport le 5 Juillet fuivant. On écrivit à
tous les Juges ; on parvint à en raffembler quatorze. Le
rapport commença. On donna deux féances par femaine.
Les reproches de plufieurs Témoins furent jugés. (N°. 5).
Mais dans le nombre des quatorze Juges était encore le fieur
de Coltot. Il avait voté pour les Arrêts qui avaient, tantôt
éloigné, tantôt rapproché le rapport ; il vota de même pour
les Jugemens des reproches : ces Arrêts, ces Jugemens, font
donc encore nuls, aux termes du titre XXIV de l'Ordonnance de 1667.

Les vacances approchant, le Roi eut la bonté d'envoyer
au Parlement de Rouen des Lettres de *continuatur :* le Procès

allait être jugé au plus tard dans fix femaines ; lorfque le fieur Duval d'Efpréménil, Confeiller au Parlement de Paris, vint fe préfenter au Parlement de Rouen, avec le projet de tout arrêter.

Intervention du fieur Duval.

LE SUPPLIANT n'avait donné lieu à aucune réclamation ; même injufte. Tout entier à fon devoir, il rempliffait avec zèle, mais avec prudence, le miniftère facré que la Loi lui avait confié. Il immolait à fon refpect pour la Magiftrature, le reffentiment qu'il pouvait éprouver contre quelques Magiftrats. Il épargnait même à tous ces faux Témoins, qui ont égaré autrefois la Juftice, l'opprobre dont ils n'ont que trop mérité d'être accablés. Le fecret de la Procédure Criminelle couvrait toutes fes opérations. Il ne fe plaignait qu'à fes Juges ; il n'invoquait que fes Juges. Obligé de leur remettre, pour leur inftruction particulière, le Mémoire qu'il avait fait fur fa demande en caffation, il avait porté la prudence jufqu'à écrire fur chaque Exemplaire le nom de chaque Juge, avec cette apoftille, *pour vous feul, Monfieur.* Enfin il avait oublié entièrement fon premier projet de tout révéler, de tout publier. En exécutant ce projet, il n'eût pas encore mérité de reproches ; en fe l'interdifant, il avait peut-être droit à quelques égards.

Le fieur Duval d'Efpréménil, voyant qu'il ne pouvait l'attaquer fur aucun fait perfonnel, imagina de l'attaquer fur les Mémoires qu'avait publiés autrefois le feu Comte de Lally. Il commença par lui faire fignifier, le 9 Août, un acte (N°. 6), par lequel il le *fommait de déclarer, dans* 24 *heures, s'il entendait perfifter ou non, dans les imputations que le feu fieur de Lally s'était permifes dans fes Mémoires , contre le fieur de Leyrit , oncle dudit fieur Duval d'Efpréménil.*

Le Suppliant ne fit aucune réponfe. Il n'en devait aucune à un étranger qu'il ne connaiffait point , qui n'était pas & qui ne pouvait pas être Partie au Procès. Dans tous les cas , il était abfurde , aux yeux de la raifon , de demander à un homme de fe défifter de ce qu'un autre avait dit : il était révoltant , aux yeux de la Nature , de demander à un fils de figner que fon père avait été calomniateur : il était monf-trueux , aux yeux de la Loi , de propofer à un Curateur de préjudicier à une Mémoire qu'il ne peut que fervir , & qu'il eft dans l'heureufe impoffibilité de compromettre. Le Suppliant a difcuté tous ces objets dans fon Plaidoyer , qu'il joint à cette Requête. Il a prouvé que le fieur Duval avait demandé , par cette fommation , ce qu'il n'avait pas le droit de demander , & ce que le Suppliant n'avait pas le droit d'accorder. Il ne fait que pofer ici les points généraux , & il s'en réfère , pour les détails , au Plaidoyer même.

Le fur-lendemain de cette fommation , le fieur Duval pré-fenta une Requête (N°. 7), dans laquelle il conclut *à être reçu Partie intervenante dans l'Inftance criminelle pendante entre le fieur Procureur-Général & le Suppliant; à ce que les Mémoires du feu Comte de Lally fuffent fupprimés comme faux & calom-nieux; l'Arrêt affiché , & le Suppliant candamné aux frais de l'affiche , & à tous les dépens.* Du refte , il avoua formelle-ment dans cette même Requête , que lui & un autre de fes oncles avaient connu , du vivant du feu Comte de Lally , les injures qui faifaient aujourd'hui le prétexte de fon intervention ; que tous deux ils *avaient été conseillés de rendre plainte,* *& qu'ils s'en étaient abstenus.*

Cette Requête, ces Conclusions, ne méritaient même pas de fixer les regards de la Justice, qui ne pouvait rien instruire, rien prononcer sur ce nouvel objet; qui était circonscrite dans le cercle étroit d'une commission particulière; qui était enchaînée par la non-existence de l'homme qu'on venait attaquer en réparation d'injure, treize ans après sa mort; qui l'était par le texte littéral de l'Ordonnance; qui s'était enchaînée elle-même par sa propre décision; qui avait jugé elle-même, le 21 Décembre 1778, qu'elle ne pouvait plus *procéder,* à l'égard de cet homme mort, que sur l'accusation *de haute trahison.* Cependant, non-seulement elles fixèrent ses regards, mais elles arrêtèrent ses opérations. Arrêt ou Ordonnance, comme on voudra l'appeller, intervint au bas de la Requête, qui ordonna qu'elle serait signifiée au Suppliant, ainsi qu'à toutes les Parties, &, chose incroyable ! qu'elles en viendraient à l'Audience; avec la clause portée dans un arrêté particulier, qu'il serait sursis à toute instruction & à tout Jugement sur le Procès principal, jusqu'à ce qu'il eût été statué sur cet étrange incident. Quelque nom qu'il faille donner à cet acte, indépendamment de son irrégularité au fond, il est encore nul quant à la forme, parce que le sieur de Coltot a encore été un des Juges qui ont concouru à le former.

Les Plaidoiries ne commencèrent que le 16 Février 1780. Le sieur Duval débuta par une diatribe, dont l'énorme scandale n'a pu échapper aux coups d'une juste autorité,

qu'à

qu'à la faveur de l'extrême ridicule qui, fans doute, l'aura fait juger peu dangereux, & parce que l'on aura cru que ce ferait trop honorer un pareil ouvrage que de le punir. Il ne dit pas un mot de fa caufe; il n'offrit pas l'apparence d'un feul moyen pour fon intervention; mais il vomit un torrent d'injures, plus horribles les unes que les autres, & contre le feu Comte de Lally qui, du fond de fon tombeau, ne pouvait plus lui répondre, & contre le Suppliant auquel il ne pouvait pas reprocher l'ombre d'une offenfe, & contre tous ceux qui étaient coupables, à fes yeux, de la juftice rendue à la mémoire du père fur la réclamation du fils. Les morts, les vivants, la juftice, la décence, l'humanité, tout fut outragé indiftinctement. Aucune bienféance ne fut obfervée : aucune Puiffance ne fut refpectée. Le Suppliant voudrait pouvoir taire que le Confeil du Roi fut perpétuellement calomnié ; que l'ouvrage éclatant de fa fageffe & de fon équité fut fans ceffe repréfenté comme le produit ténébreux de l'intrigue, de la fédition & de l'impiété réunies. Il eft loin de vouloir fuivre, à cet égard, l'exemple que lui a donné fon Adverfaire. Il croirait fe manquer à lui-même, il croirait manquer aux Magiftrats refpectables qui compofent ce Confeil fuprême, s'il imaginait de vouloir affocier leur vengeance à fon Jugement, de vouloir provoquer leur haine pour faire fléchir leur Juftice. Mais ce Plaidoyer eft public; il eft pièce néceffaire de la caufe, & dès-lors il eft indifpenfable de le joindre à cette Requête (N°. 8).

Le Suppliant répondit, & qu'il lui foit permis de le dire, il répondit avec une modération que perfonne n'attendait, & qu'on n'avait pas le droit d'exiger de fon âge, de fon état, de fa pofition ; enfin de tous les chagrins dont on l'accablait gratuitement, en infultant encore à fon malheur. Il fut même plus que modéré. Témoin & victime des excès auxquels fe livrait le fieur Duval, il était inftruit de plufieurs circonftances, dans lefquelles, difait-on, ce Magiftrat s'était préfenté au Public fous un afpect bien différent. Il craignit d'être injufte, même envers fon plus mortel ennemi. Il ne put fe réfoudre à croire que cet ennemi n'eût de factice que fes vertus, n'eût de réel que fes paffions, & que tourmenté d'un défir infatiable de célébrité, indifférent fur tous les moyens de l'acquérir, il fit tour-à-tour, & le bien fans mérite, & le mal fans remords. Dans tout le cours de fon Plaidoyer, le Suppliant en appella perpétuellement du fieur Duval plaideur au fieur Duval Magiftrat, & même en repouffant fes calomnies, il ne ceffa de lui rendre des hommages.

Mais fi, d'un côté, la défenfe du Suppliant fut auffi décente & auffi légitime en morale, que l'attaque avait été cruelle & révoltante ; d'un autre côté, cette même défenfe fut auffi fondée, fut auffi invincible en droit, que l'attaque avait été abfurde & ridicule.

Le Suppliant conclut à ce que le fieur Duval fût déclaré purement & fimplement *non-recevable*, à la fuppreffion de fon Plaidoyer, à douze mille livres de dommages & intérêts d'indue vexation, pour le pain des pauvres prifonniers de la Conciergerie, & à l'affiche de l'Arrêt.

Il divifa fon Plaidoyer en trois parties.

Dans la première, il établit le point de la caufe. Il démontra ·

qu'il ne pouvait pàs être queſtion d'examiner ſi ſon père était coupable ou innocent des crimes dont on l'avait accuſé ; qu'il n'était pas même queſtion d'examiner ſi le feu ſieur de Leyrit avait été calomnié ou non par le feu Comte de Lally ; qu'il ne s'agiſſait pas de ſavoir ſi l'intervention du ſieur Duval était *fondée*, mais uniquement ſi elle était *recevable ;* qu'il oppoſait des *exceptions péremptoires*, & que, ſuivant l'article 5 du titre V de l'Ordonnance de 1667, il devait *être fait droit préalablement* ſur ces exceptions.

Dans la ſeconde partie , le Suppliant établit quelques faits, dont la connaiſſance était néceſſaire pour faire apprécier dans toute leur valeur quelques-unes de ſes fins de non-recevoir. Il ſaiſit cette occaſion pour faire connaître, & ſur l'empriſonnement de ſon père, & ſur le commencement de ſon Procès, quelques détails qui ſuffiſaient pour manifeſter ſon innocence : mais il n'entama en rien le fond de l'intervention & les imputations faites par le feu Comte de Lally au feu ſieur de Leyrit. Il déclara, à pluſieurs repriſes, qu'il ne ſe permettait aucun examen ſur la conduite de ce ſieur de Leyrit dans l'Inde, & qu'il ſe bornait à articuler trois faits précis à ſon égard : le premier, que le ſieur de Leyrit avait été co-opérateur du Moine Lavaur dans la fabrication de ſon libelle diffamatoire : le ſecond, que le ſieur de Leyrit avait dénoncé le feu Comte de Lally au Roi, conjointement avec le Conſeil de Pondichéry : & le troiſième, que le feu Comte de Lally avait voulu, du fond ſa priſon, & n'avait pas pu rendre plainte contre le ſieur de Leyrit. Le Suppliant examina enſuite toute la conduite du ſieur Duval d'Eſprémé-ṇil, tant en 1766, qu'en 1779 & 1780.

D ij

Dans fa troifième partie, le Suppliant traita fes fins de non-recevoir. Il les divifa en trois propofitions générales. Premièrement, *point d'intervention dans un Procès quelconque, fans un intérêt direct à l'objet propre de ce Procès*; & le Suppliant prouva que, non-feulement l'objet propre, mais l'unique objet du Procès à fuivre contre le Comte de Lally mort, était, conformément à l'article premier du titre XXII de l'Ordonnance, l'accufation de leze-Majefté. Il prouva que le fieur Duval ne pouvait avoir aucun intérêt à cet objet, & qu'il avait avoué *lui-même* n'en avoir aucun. Il prouva que le défaut d'intérêt du fieur Duval provenait, & du défaut même de Partie contre laquelle il pût procéder, & du défaut même de pouvoir des Juges. Il prouva enfin, qu'au défaut d'intérêt pour juftifier l'intervention du fieur Duval, il en exiftait & de facrés & de multipliés pour la rejetter. Secondement, *point d'intervention dans un Procès de grand Criminel*; & le Suppliant prouva cette propofition par la loi; il la prouva par la raifon; il la prouva par les autorités; il la prouva par les exemples : il prouva enfin, que s'il était quelques exceptions à cette maxime générale, il n'en était aucune applicable à l'efpèce du fieur Duval. Troifiémement, *point d'intervention, lorfqu'il n'y aurait pas même lieu à une action principale ;* & le Suppliant prouva qu'aucun Tribunal ne pouvait plus être ouvert, qu'aucune plainte ne pouvait plus être permife au fieur Duval; que ni demande principale, ni demande incidente, ni action civile, ni action criminelle, ne pouvaient plus être intentées par lui. Il prouva, que l'action du fieur Duval contre le feu Comte de Lally était une action toute nouvelle; que cette action toute nouvelle était une action d'injure; que cette injure avait été provoquée, compenfée, diffimulée, prefcrite, & pour jamais éteinte. *Provoquée*, par la part qu'avait eue le fieur Duval de Leyrit & dans le Libelle du Jéfuite Lavaur, & dans les dénonciations des Confeillers de l'Inde contre le feu Comte de Lally. *Compenfée*, par la diffamation extrajudiciaire que le fieur Duval d'Efpréménil avait répandue autrefois dans le Public, en réponfe aux Mémoires du feu Comte de Lally ; diffamation qu'il s'était bien gardé de faire fignifier à ce malheureux Général, qui ne la connaiffant pas, n'avait pas pu la réfuter ; diffamation qui, fous tous les afpects, n'offrant autre chofe qu'un Libelle digne d'animadverfion, ne méritait même pas d'être comparé avec le Mémoire juridique du feu Comte de Lally. *Diffimulée*, puifque le fieur Duval avait pu autrefois rendre plainte contre le feu Comte de Lally ; puifque, de fon aveu, on lui avait confeillé de le faire, & qu'il ne l'avait pas voulu. Enfin, *prefcrite & pour jamais éteinte*, puifque le Comte de Lally était mort ; puifque dès-lors de deux chofes l'une : ou le fieur Duval fe pourvoyait *civilement*, & alors n'ayant pas commencé fon action du vivant du feu Comte de Lally, il ne pouvait plus la commencer aujourd'hui, *injuriarum actio neque hæredi, neque in hæredem datur ; lite tantum conteftatâ ad fucceffores pertinet* : ou le fieur Duval fe pourvoyait *criminellement*, & alors, puifque même en ayant commencé fon action du vivant du feu Comte de Lally, il ne pourrait plus aujourd'hui la fuivre, à combien plus forte raifon ne pouvait-il plus la commencer, *morte crimen extinguitur.*

Le Suppliant s'arrêta en finiffant à ces deux derniers points, qui font fans réplique. Inftruit qu'on voulait équivoquer fur le peu de faits qu'il avait plaidés , pour en induire une prétendue nécessité de joindre l'intervention au fond du Procès , quelque ridicule que fût une pareille induction , il alla cependant au - devant par une déclaration qu'il croit devoir transcrire ici littéralement ; elle était conçue en ces termes : *

* Voyez page 295 & suivantes de mon Plaidoyer.

» Je vous le répete , Messieurs, toute la cause est dans ces » deux derniers points. Je ne vous parle plus de l'injure *provoquée* , de l'injure *compensée* , surpassée. Ces moyens sont » trop peu décisifs auprès de ceux qui écrasent mon Adver-» saire. Ils dépendent d'ailleurs de certains faits , & quoique » ces faits puissent être vérifiés en un quart - d'heure ; quoi-» qu'ils soient totalement indépendans du fond du Procès » Criminel ; quoiqu'ils soient totalement étrangers aux impu-» tations que mon père a pu consigner dans ses Mémoires » sur la conduite du sieur de Leyrit dans l'Inde ; quoique j'aie » déclaré , à plusieurs reprises , que je ne me permettais au-« cun examen sur cette conduite ; quoique j'aie été cons-» tamment & scrupuleusement fidèle à ces déclarations , on » voudrait peut - être , on a déja voulu équivoquer sur ces » faits , pour en induire la prétendue nécessité d'une jonc-» tion. Quelque ridicule que fût cette induction , je veux » aller au - devant. En un mot, je n'ai besoin ni de ces faits , » ni des moyens qui en résultent; j'y renonce, si l'on veut; » encore une fois je ne parle plus ni de l'injure *provoquée* ; » ni de l'injure *compensée.*

» Mais je parle de l'injure *dissimulée , prescrite , éteinte.* Je » parle de l'impossibilité de déclarer faux & calomnieux en-» vers le sieur de Leyrit , les Mémoires *composés & produits* » par mon père , sans déclarer dès - lors implicitement mon

» père lui - même atteint & convaincu du délit de calom-
» nie. Je parle de l'impoſſibilité de déclarer mon père atteint
» & convaincu du délit de calomnie, ſans avoir intenté
» contre lui , & inſtruit contradictoirement avec lui l'accuſa-
» tion de calomnie, ſans lui avoir fait ſon Procès ſur l'accu-
» ſation de calomnie. Je parle de l'impoſſibilité d'intenter
» contre mon père mort, d'inſtruire contradictoirement avec
» mon père mort, l'accuſation de calomnie , de *faire* en un
» mot *le Procès à la mémoire* de mon père mort , ſur l'accu-
» ſation de calomnie. Je parle de l'impoſſibilité d'intenter,
» même au Civil, une action d'injures qui n'a pas été com-
» mencée du vivant de l'aggreſſeur. Je parle enfin de la
» poſſibilité qu'a eue mon Adverſaire d'intenter, à ſon choix ;
» ou cette accuſation criminelle , ou cette action civile,
» contre mon père vivant, du ſilence abſolu qu'il a gardé alors,
» de ce ſilence qui eſt peut - être la réfutation la plus victo-
» rieuſe des diſcours qu'il tient aujourd'hui ; & comme Cu-
» rateur à la mémoire de mon père , comme étant l'homme
» de la loi, cette loi en main , je réſume en trois lignes toute
» ma défenſe contre M. d'Eſpréménil : non-recevable , mille
» fois non - recevable à faire aujourd'hui ce que vous ne pou-
» vez pas, après n'avoir pas fait dans le temps ce que vous
» pouviez ».

» Oui , Monſieur , je pourrais vous laiſſer plaider vingt
» années , & ne vous oppoſer que cette ſeule phraſe , dans
» laquelle rentrent toutes mes propoſitions , dans laquelle ſe
» confondent tous mes moyens ; qui vous ferme irrévocable-
» ment toute entrée dans le Procès de mon père , toute action
» contre ſa mémoire ; à laquelle mes erreurs , mes impru-

» dences , mes écarts même ne peuvent jamais porter aucune
» atteinte ; parce que , comme Curateur à la mémoire , je puis
» tout pour le bien de cette mémoire , & je ne puis rien
» pour son préjudice ; parce qu'en matière criminelle , vous
» ne pouvez avoir , pour mon fait personnel , aucune action
» contre la mémoire de mon père , comme , pour le fait de
» mon père , vous ne pouvez avoir aucune action personnelle
» contre moi. Il y a deux qualités en moi : celle de Curateur
» à la mémoire du feu Comte de Lally , & celle de Défen-
» seur. Le Curateur , qui est un personnage froid , légal , in-
» faillible , est dans l'heureuse impuissance de préjudicier à
» son pupille. Il se borne , & il doit se borner aux fins de
» non - recevoir indestructibles , judiciaires , & absolument
» indépendantes de tous faits & de toutes pieces y relatives.
» Le Défenseur , qui est un fils , emporté par son zèle , ou-
» tragé , vexé , déchiré , hors de lui par l'affreux tableau qu'on
» a tracé de son père , peut ne pas pouvoir se contenir , peut
» se tromper , peut s'égarer , a pu croire nécessaire de réha-
» biliter par des faits dans l'opinion publique , celui que vous
» aviez cherché à y perdre. Le Curateur proteste formelle-
» ment de nullité , il désavoue absolument le Défenseur sur
» tout ce qui est étranger aux fins de non - recevoir. Mais
» le Défenseur , lui , ne désavoue rien ; il soutient ce qu'il a
» dit ; il s'en rend garant en son propre & privé nom ; si vous
» avez une attaque à former , c'est contre lui personnellement ;
» livrez - la - lui cette attaque ; il s'y offre , il l'attend , il la
» soutiendra , & avec moins de jactance il a peut - être plus
» de sécurité ».

Après cette réclamation , le Suppliant dit encore quelques
mots

mots pour juſtifier ſa demande en dommages & intérêts, &
en ſuppreſſion du Plaidoyer imprimé par le ſieur Duval d'Eſpréménil. Il ne ſe livrera point à des détails plus étendus ſur
ſa défenſe ; il a déja obſervé qu'il s'en référait à cette défenſe même, qu'il joint ici (N°. 9). Mais il doit rendre compte
de pluſieurs incidens qui accompagnèrent ou qui interrom-
pirent ſes Plaidoiries, & dont le récit, quelque faſtidieux
qu'il ſoit à bien des égards, eſt cependant néceſſaire. Si le ridicule perce quelquefois dans les détails que l'on va rencon-
trer, ce n'eſt pas au Suppliant qu'il faut l'imputer. Il ne dépend
pas de lui de préſenter les objets autres qu'ils ne ſont, &
l'on croira ſans peine, que dans une cauſe du genre de la
ſienne, ce n'eſt pas volontairement que l'idée du ridicule
vient s'offrir à ſon eſprit.

A l'Audience du premier Mars, le Public, vivement frappé
des injuſtices qu'avait éprouvées le feu Comte de Lally, ſe
livra à toute ſa ſenſibilité. Pluſieurs fois il manifeſta les regrets
dont il honorait la mémoire du père, & autant de fois il
daigna, par ſes applaudiſſemens, encourager les efforts du fils.
Le Suppliant ſe vit même, au ſortir de l'Audience, recon-
duit & preſque porté par une foule de Citoyens de tous les
Ordres. Qu'on ne lui faſſe point un crime de rappeller cette
circonſtance. Les ſentimens qui le dominent, ſont en vérité
trop ſacrés, trop actifs, ils rempliſſent trop ſon cœur, pour
y laiſſer une place à la vanité. Il ſait d'ailleurs rapporter tout
à ſon juſte principe; & c'eſt préciſément parce qu'il ne peut
rien s'attribuer à lui-même, qu'il ſe fait une conſolation, qu'il
regarde même comme un devoir de publier cette ſcène atten-
driſſante, qui n'a pu être produite que par l'intérêt qu'ont

Incidens des
Plaidoiries.

excité les malheurs de son père. Non, ce triomphe n'a pas été celui de l'éloquence, &, pour son bonheur, le Suppliant est loin d'y prétendre : ce triomphe a été celui de l'innocence cruellement immolée par la calomnie, manifestée clairement par la vérité, & pleurée publiquement par la vertu.

A l'Audience du 8 Mars, les mêmes témoignages de sensibilité se renouvellèrent, les mêmes encouragemens furent donnés au zèle du Suppliant. Mais l'Audience finie, & l'Arrêt de renvoi prononcé, le sieur Duval éleva un incident qui donna lieu à des démonstrations d'un autre genre.

Il demanda acte de plusieurs phrases prétendues plaidées; & communication de plusieurs pièces prétendues citées par le Suppliant, huit & quinze jours auparavant, *pour être ensuite par lui tiré telles inductions, & pris telles conclusions qu'il appartiendrait.*

Le Suppliant, dans le premier instant, crut reconnaître qu'une partie des allégations du sieur Duval était vraie, & que l'autre était fausse. Cependant, épuisé par deux heures & demie de plaidoiries qui avaient été précédées de plusieurs veilles; n'ayant pas à la troisième Audience les feuilles qu'il avait plaidées à la première, il voulut recueillir ses sens, repasser ses feuilles, se recorder avec lui-même, en un mot examiner les faits, pour ne les avouer ou ne les méconnaître qu'en sureté de conscience : il sentit d'ailleurs le besoin de consulter sur la demande en communication de pièces : il s'opposa donc & à cette communication, & à ce que l'acte demandé fût accordé,

jusqu'à ce qu'il eût pu examiner les faits , *pour y répondre à*
la prochaine Audience , qui était le sur-lendemain.

L'Avocat du sieur Alen de Saint-Wolston, Partie au
Procès , prit la parole. Il déclara, que devant plaider après
le Comte de Lally, & soutenir le sieur Duval d'Espréménil
non-recevable dans son intervention, il s'opposait à toute
demande en communication, sauf à plaider les moyens de
l'opposition, & sauf aussi au sieur Duval à consigner ses conclusions sur le plumitif.

Le sieur Duval s'irrita & de la contradiction, & sur-tout
des applaudissemens que l'on venait encore de donner au discours prononcé par l'Avocat du sieur Alen. Ses premiers mots
se ressentirent de sa colère. Ils excitèrent des huées. La colère
dégénéra en fureur. Les yeux enflammés, le visage pâle, la
voix tremblante, il insulta & le Suppliant & l'Avocat du sieur
Alen. Il dit au premier, qu'*il ne le regardait plus comme Gen-*
tilhomme , *& qu'il allait le proclamer Imposteur, s'il n'avouait*
pas sur le champ les faits. Il traita le second de *misérable appui*
mendié par le Comte de Lally. Il ordonna despotiquement
aux Juges d'aller aux opinions. Enfin tel était son trouble &
son égarement, qu'il finit par invoquer ce même Public, dont
les cris le mettaient hors de lui. L'indignation de ce Public
fut portée à son comble. Une clameur universelle fut la réponse à l'invocation, & engloutit la voix du Plaideur , qui ,
déja affaiblie par les efforts de la colère qu'elle avait exhalée,
commençait à ne plus proférer que des sons mal articulés.

Cependant le Ministère Public (il s'expliquait alors par

l'organe du fieur de Grecourt) vint au fecours du fieur Duval. Il déclara qu'*il était mémoratif des Phrafes* prétendues plaidées par le Suppliant, & il conclut à ce que l'acte demandé par le fieur Duval lui fût accordé fans délai ; mais il ne conclut pas à la communication.

On ordonna aux Parties de rédiger leurs conclufions par écrit. Le fieur Duval, dans fa rédaction, fupprima la demande qu'il avait formée en communication de pièces. Interrogé par le fieur Premier Préfident, au nom de la Cour ; *s'il avait abandonné ce Chef de fes Conclufions*, il déclara que *M. l'Avocat - Général y trouvant des difficultés, il l'abandonnait.*

La Cour ordonna un Délibéré. Il y eut de longs débats, qui tranfpirèrent dès le jour même, & qui commencèrent à porter de trop juftes inquiétudes dans le cœur du Suppliant. Cependant, l'opinion qui voulait qu'on ne le jugeât pas fans l'entendre, finit par prévaloir ce jour - là : la Cour renvoya les Parties à l'Audience du Vendredi (N°. 10). Le fieur de Coltot vota encore pour tous ces Arrêts ; ils font encore nuls.

Le lendemain Jeudi 9 Mars, il fut queftion de faire mettre en prifon quiconque dorénavant oferait, ou *applaudir* le Comte de Lally & Confors, ou *huer* le fieur Duval (le Suppliant demande grace pour cette dernière expreffion ; il ne l'emploie qu'après en avoir vainement cherché une autre.) Avant la première Audience, le fieur Avocat - Général de Grecourt *remontra verbalement à la Cour qu'il fe ferait commis à l'Au-*

dience d'hier des INDÉCENCES DÉPLACÉES *, intolérables, occa-*
fionnées par des rumeurs répréhenfibles : pourquoi il requit qu'il
fût fait défenfe à toutes perfonnes d'interrompre le cours des
Audiences & le filence refpeclueux qui doit y régner , par des
battemens de main , ou autres rumeurs de quelqu'efpèce qu'elles
puiffent être , à peine de prifon ; ordonner au furplus que lec-
ture de l'Arrêt à intervenir ferait faite demain à l'ouverture de
l'Audience , & qu'il ferait imprimé & affiché aux portes du
Palais, & dans l'intérieur d'icelui.

En qualifiant généralement d'*indécence* ce qui s'était paffé à
l'Audience de la veille , il était difficile de ne pas donner par-
ticuliérement cette qualification à l'infulte qui avait été faite
par le fieur Duval, & au Suppliant, & à l'Avocat du fieur Alen.
Mais comme on parlait d'*indécences déplacées & intolérables,*
il faut conclure néceffairement que l'on admettait auffi des
indécences placées & tolérables ; & il faut croire que celles
commifes par le fieur Duval étaient rangées dans cette dernière claffe , puifqu'elles ne furent pas l'objet d'un feul mot
dans la remontrance. Quoi qu'il en foit , Arrêt intervint conforme aux conclufions du réquifitoire verbal (N°. 11).

Trois heures après avoir rendu cet Arrêt, on s'apperçut
qu'on n'aurait pas dû le rendre; que le fieur de Grécourt, emporté par l'excès de fon zèle contre les *indécences* qu'il jugeait
déplacées , avait paffé les bornes de fon miniftère , & qu'il
n'avait pas le droit de requérir hors de l'Audience. L'Arrêt fut
rapporté, mais ce ne fut pas pour long-tems : on fe hâta de l'ap-
pliquer fur une nouvelle remontrance, qu'on fit donner par le
fieur Procureur - Général. Jamais Arrêt n'avait fubi tant de

viciſſitudes : en trois heures & demie ; on le vit naître, mourir , & renaître.

Le même jour , le ſieur Duval ſe trouva au Parquet en préſence du ſieur Avocat - Général. Il querella le Procureur du Suppliant , qui ne lui répondit rien ; il ſoutint que les phraſes dont il demandait acte, avaient été plaidées ; il ſe fortifia des Concluſions qu'avait données le ſieur Avocat - Général ; il s'écria énergiquement que *déſormais il avait plutôt un Défenſeur qu'un Juge dans ce Magiſtrat*. Le ſieur Avocat-Général, qui avait déclaré la veille *être mémoratif des phraſes*, déclara qu'*il ne pouvait cependant pas être garant des expreſſions*. Le Suppliant inſtruit ſur le champ de ce diſcours par ſon Procureur, ne pouvait pas concevoir comment on ſe ſouvenait de ſes *phraſes* en ayant oublié ſes *expreſſions*. Mais il n'a pas conçu davantage ce que c'était qu'une *indécence déplacée*. Il n'a pas conçu davantage la *ſtupéfaction* que le Miniſtère Public a dit en dernier lieu avoir éprouvée, en entendant plaider que l'intervention du ſieur Duval était inadmiſſible. Il a enfin pris le parti d'humilier ſa faible intelligence devant tant d'objets qui lui échapent, plutôt que de s'expoſer à une ſeule réflexion qui pût le faire taxer de témérité.

Le Vendredi 10 Mars, dès la pointe du jour, le Suppliant inſtruit de la parenté du ſieur de Coltot avec le ſieur de Bazin, lui écrivit une lettre auſſi reſpectueuſe que preſſante, pour le ſupplier de s'abſtenir de l'affaire, principal & incidens. Le Suppliant, pluſieurs de ſes parens, & tous les co-accuſés qui ſignèrent la lettre, crurent devoir au ſieur de Coltot d'employer d'abord cette voie, avant de préſenter une Requête juridique.

Le sieur de Coltot, aussi-tôt après avoir reçu la lettre, courut avant l'Audience la dénoncer à la Cour, & provoquer une Délibération à laquelle il crut pouvoir assister. On voulut d'abord prétendre que sa voix était acquise aux Parties; qu'*il n'était qu'allié du sieur Bazin*; qu'*on l'avait sollicité d'être Juge*, & cela était vrai, mais le Suppliant ignorait alors la parenté dont il venait d'être instruit. Après une fermentation de quelques instans, un de Messieurs rapprocha froidement du texte littéral de l'Ordonnance le degré de parenté que le sieur de Coltot avait décliné lui-même. Il fallut céder. Le sieur de Coltot ayant, par sa dénonciation, donné à la lettre missive qu'il avait reçue la valeur d'une pièce juridique, on fut obligé de juger. Il fut *arrêté que ladite lettre serait annexée au Registre, & qu'il y avait lieu à la récusation du sieur de Coltot* (N°. 12). On monta à l'Audience.

L'ouverture s'en fit par la publication de l'Arrêt qui défendait, sous peine de prison, les applaudissemens & les huées. Il fallut ensuite débattre l'incident de la surveille.

Le sieur Duval reprit ses Conclusions, telles qu'il les avait débitées à l'Audience du Mercredi, & telles qu'elles étaient consignées sur le plumitif. Le Suppliant va transcrire ici littéralement le Plaidoyer qu'il prononça sur cet objet.

Messieurs.

« Si le but de mon Adversaire n'était pas connu; si sa cause
» n'était pas appréciée; si la disette de moyens qui le presse &
» qui l'écrase, ne s'était pas fait sentir à l'esprit le plus pré-
» venu; si les piéges dont j'ai été environné, n'avaient pas été

» apperçus par l'œil le moins pénétrant, j'ofe dire que tous
» ces objets auraient été mis en évidence par l'incident étrange
» qu'il a imaginé d'élever lors de la dernière Audience. J'ai
» oppofé le filence & la modération, à fes demandes, à fes
» interpellations, à fes emportemens, j'ai prefque dit à fes fu-
» reurs. Je romps aujourd'hui ce filence, mais fans fortir de
» cette modération, & je fupplie Monfieur Duval d'Efpré-
» ménil de m'écouter fans m'interrompre.

» Il vous a demandé acte, Meffieurs, de ce que j'avois
» plaidé, dans les deux Audiences des 23 Février & premier
» Mars, QUE *le fieur de Leyrit avait machiné contre le fieur de*
» *Lally*, QUE *le fieur de Leyrit était le chef d'une cabale achar-*
» *née fur le fieur de Lally*, QUE *le fieur de Leyrit avait dé-*
» *noncé le fieur de Lally*, QUE *le fieur de Leyrit avait dif-*
» *famé le fieur de Lally* ; & il a fini par demander que la
» communication des Pièces citées par moi fût ordonnée.

» Je me fuis oppofé, moi, à ce que l'acte fût accordé, juf-
» qu'à ce que j'euffe pu examiner les faits qu'il contenait, pour
» y répondre à la prochaine Audience, & je me fuis oppofé,
» en outre, à toute communication de Pièces.

» Je ne crois pas, Meffieurs, que perfonne, dans cette
» Audience, ait imaginé que le délai demandé par moi eût pour
» objet d'examiner fi je devais avouer, ou défavouer ce que
» j'ai plaidé. Je rougirais de dire un mot de plus à cet égard : fi
» ce langage paraît fièr, cette fièrté du moins eft celle d'une
» confcience pure & intacte.

» Mais

» Mais, d'une part, interpellé *sur mon honneur* de passer une
» reconnaissance, ou d'articuler une dénégation, j'ai cru que
» le soin même de cet honneur ne me permettait pas de ha-
» sarder l'une ou l'autre sur des phrases plaidées depuis quinze
» jours, dans l'état d'émotion où j'étais, épuisé par deux
» heures & demie de Plaidoirie & par plusieurs veilles, sans
» m'être replié sur ma propre conscience, sans m'être recordé
» avec moi-même dans le calme de la réflexion, enfin sans
» avoir repassé mes feuilles & vérifié mes allégations.

» D'une autre part, l'annonce des inductions que mon Ad-
» versaire prétendait tirer des faits dont il demandait acte, ses
» Conclusions à fin de communication de Pièces, l'incertitude
» où mon inexpérience devait me jetter sur la réalité ou l'inexis-
» tence de ses droits à cet égard, m'ont fait sentir la nécessité
» de conférer avec mes conseils.

» Ainsi, je voulais faire un examen, afin de ne rien dire qui
» ne fût exact. Je voulais demander des conseils, afin de ne
» rien consentir qui me fût dangereux. L'opposition qui avait
» ce double but, n'était certainement pas contraire à l'honneur,
» & était prescrite par la prudence.

» Elle n'était pas injuste, puisque la Cour l'a admise par son
» Arrêt.

» L'événement m'a prouvé qu'elle était utile & nécessaire ;
» car, 1°. après la vérification la plus scrupuleuse, après être
» descendu jusques dans les derniers replis, non seulement de
» ma mémoire, mais de ma conscience, je me suis mis en état

F

» d'affurer, avec la certitude la plus complette & fur ma pa-
» role d'honneur, que je n'ai pas dit ce que l'on m'a fait dire,
» & je vais m'expliquer. 2°. Après avoir interrogé tous mes
» confeils, je me fuis inftruit que je ne devais aucune commu-
» nication à M. d'Efpréménil, attendu qu'il n'eft pas Partie, &
» que je lui oppofe des fins de non recevoir infurmontables,
» qui l'empêchent de pouvoir jamais le devenir.

» Ce dernier Chef des conclufions a été abandonné par mon
» Adverfaire ; ainfi je n'ai à m'occuper que du premier.

» J'obferverai d'abord, qu'il y a une différence réelle, une
» grande différence entre les allégations vagues & indéfinies
» dont on demande acte, & des faits pofitifs que j'ai plaidés,
» entre dire vaguement & indéfiniment qu'un homme a *ma-*
» *chiné*, a *diffamé*, ou citer de cet homme deux ou trois faits
» précis, dans lefquels on dit qu'il a coopéré à telle ou telle
» *machination*, à telle ou telle *diffamation*.

» Secondement, & c'eft ici l'objet important, l'objet qui
» m'a frappé dès le premier inftant où M. d'Efpréménil l'a mis
» en avant, l'objet fur lequel j'ai parlé dans ce premier inftant
» à tous ceux qui m'environnaient, comme je vais parler aujour-
» d'hui publiquement : je n'ai jamais dit, je défie qui que ce
» foit, excepté mon Adverfaire, de me foutenir que j'ai dit
» *que le fieur de Leyrit était le chef d'une cabale acharnée fur le*
» *fieur de Lally.* Il y a plus : je n'ai pas pu le dire, à moins
» d'être un infenfé, à moins de dire tout à la fois les deux
» contraires.

» En effet, Meffieurs, j'ai plaidé avant d'entrer dans mon

» hiſtorique, que *je n'imputerais au ſieur de Leyrit que les faits* » *dans leſquels j'articulerais ſon nom* *. J'ai plaidé que *je ne de-* » *vais, ni taire, ni lui imputer les manœuvres que d'autres* » *avaient tramées* *. J'ai plaidé que *je ne devais pas même* » *taire que c'était encore lui qui s'était le plus reſpecté, & qui* » *avait mis le plus de réſerve dans ſes démarches* *. J'ai plaidé » dans le cours de mon hiſtorique, j'ai répété en le réſumant, » *que je ne me permettais aucune diſcuſſion, aucun examen ſur* » *la conduite du ſieur de Leyrit dans l'Inde* *. J'ai plaidé que „ *tout ce que j'avais articulé, &* TOUT CE QUE JE VOULAIS *arti-* „ *culer à ſon égard, ſe réduiſait uniquement & excluſivement à* „ *trois points ;* & j'ai cité ces trois points *. Je vous de- „ mande, Meſſieurs, ſi tous ces traits, que vous reconnaiſſez „ ſûrement, n'excluent pas la ſeule idée, la poſſibilité même „ que j'ai préſenté le ſieur de Leyrit, généralement & univer- „ ſellement, comme le *chef d'une cabale acharnée ſur le ſieur* „ *de Lally.* Je vous demande ſi, aux yeux de la vérité, ſi aux „ yeux du bon ſens, il n'y a pas un intervalle immenſe entre „ un homme annoncé comme le coopérateur de telle ou telle „ action, de tel ou tel écrit particulier contre le ſieur de Lally, „ & un homme taxé d'être *le chef d'une cabale acharnée ſur le* „ *ſieur de Lally,* repréſenté dès-lors comme préſidant néceſ- „ ſairement à la totalité des actions, des écrits, des ma- „ nœuvres quelconques tramées contre le ſieur de Lally par „ cette cabale.

„ Et voilà préciſément, Meſſieurs, où était le piége. En „ me faiſant dire VAGUEMENT ET INDÉFINIMENT, SANS DIS- „ TINCTION DE FAITS, DE LIEUX, D'ÉPOQUES, que le ſieur „ de Leyrit était *le chef d'une cabale acharnée ſur mon père,* on

F ij

---

* *Voyez* pag. 51 & 52 de mon Plaidoyer.

* Page 52.

* *Ibid.*

* Page 66.

* Pag. 98 & 99.

„ me faifait dire, par *induction*, que j'avais préfenté le fieur
„ de Leyrit comme coupable de tout ce qui s'était fait contre
„ mon père, foit dans l'Inde, foit en Europe, des complots,
„ des révoltes, des empoifonnemens, des affaffinats. Sous pré-
„ texte de le juftifier, on prenait acte de là, pour faire de
„ toute l'expédition de l'Inde un tableau tel qu'on l'eût
„ voulu, pour s'introduire même au Procès. On fe doutait
„ bien qu'interpellé fur mon honneur de reconnaître ou de dé-
„ favouer trois ou quatre phrafes au bout de quinze jours, &
„ voyant fur-tout paraître un autre chef de conclufions avec
„ cette interpellation, je ne voudrais pas répondre fans m'être
„ recordé, fans avoir confulté. On fe promettait de faire paffer
„ mon filence pour un aveu : on efpérait furprendre un Juge-
„ ment qui me déclarât atteint & convaincu d'avoir dit ce que
„ je n'ai pas dit ; & ce Jugement en main, on fe propofait de
„ venir auffi-tôt, armé de nouveaux fophifmes, dire à moi &
„ à la Juftice ; à moi, *voilà un Arrêt qui me donne qualité*
„ *contre vous ;* à la Juftice, *voilà un Arrêt par lequel vous*
„ *m'avez lié au Procès.*

„ Graces au Ciel, j'ai encore évité ce nouveau piége. Sans
„ doute je me dois à moi-même, je dois à la vérité, je dois à
„ l'honneur, l'aveu des faits que j'ai plaidés, & je vais le faire
„ cet aveu. Mais que mon Adverfaire ne fe flatte pas d'en
„ tirer des *inductions*, qui puiffent l'autorifer à intervenir dans
„ le Procès de mon père. S'il a vomi contre cet infortuné une
„ fuite d'injures & d'imprécations qui ont dû faire frémir qui-
„ conque a confervé un refte d'humanité ; s'il m'a forcé d'ar-
„ racher l'auteur de mes jours à l'exécration publique dont il
„ avait voulu l'accabler ; fi, pour remplir ce devoir, j'ai été

„ obligé de préfenter des faits ; fi, dans quelques-uns de ces
„ faits, j'ai cité le fieur de Leyrit, *fans ajouter à fon nom une*
„ *feule épithète injurieufe*, & avec autant de ménagement,
„ j'ofe le dire, qu'on avait outragé mon père avec cruauté ;
„ tous ces faits allégués de part & d'autre, ne peuvent pas
„ changer la nature de la caufe. Toute cette caufe ne fe réduit
„ pas moins à la feule queftion de favoir, fi Monfieur Duval
„ d'Efpréménil eft recevable ou non à intervenir dans un
„ Procès criminel contre un homme mort. Je fuis dans l'heu-
„ reufe impuiffance de compromettre les intérêts facrés qui me
„ font confiés, même quand je tomberais dans les erreurs,
„ dans les imprudences fur lefquelles il a compté, & qu'il a
„ provoquées fi peu généreufement.

„ Voici donc mes Conclufions fur l'incident, qui, fi j'en
„ crois ce que l'on m'a annoncé hier au foir, ne doit pas
„ être le dernier. Je vous fupplie, Meffieurs, de vouloir bien
„ m'accorder toute votre attention. Ce n'eft pas feulement à
„ votre mémoire, c'eft à votre juftice, c'eft à votre confcience,
„ c'eft à votre Religion que j'en appelle. Je n'ai pas dit, je le
„ répète, que le fieur de Leyrit était *le chef d'une cabale*
„ *acharnée fur le fieur de Lally*. Je n'ai pas pu le dire. Voici
„ ce que j'ai dit :

„ MES CONCLUSIONS SONT à ce qu'il plaife à la Cour, fans
„ avoir égard à l'acte demandé par M. d'Efpréménil, vu fon
„ inexactitude, m'accorder acte de ce que je reconnais avoir
„ dit au commencent de la difcuffion de mes faits : *Il ferait in-*
„ *jufte d'attribuer au fieur de Leyrit feul la détention & les mal-*
„ *heurs de mon père ; &, forcé malgré moi de montrer la part*

„ qu'il y a eue, je ne dois, ni taire, ni lui imputer les manœuvres
„ que d'autres ont tramées : je ne dois pas même taire que c'eſt
„ encore lui qui s'eſt le plus reſpeſté, & qui a mis le plus de ré-
„ ſerve dans ſes démarches *. M'accorder aſte, en outre, de
„ ce qu'en réſumant mes faits, j'ai dit : *Et pour ne laiſſer lieu*
„ *à aucune équivoque, je déclare de nouveau que je ne me per-*
„ *mets aucune diſcuſſion, aucun examen ſur la conduite du ſieur*
„ *de Leyrit dans l'Inde. Je déclare que tout ce que j'ai articulé,*
„ & TOUT CE QUE JE VEUX ARTICULER *à ſon égard, encore eſt-*
„ *ce parce qu'on m'y force, ſe réduit* UNIQUEMENT & EXCLUSI-
„ VEMENT *à trois points :* 1°. *le ſieur de Leyrit a coopéré aux*
„ *machinations du Père Lavaur, dans le Mémoire monacal qui a*
„ *ſervi d'abord d'inſtrument à la diffamation de mon père, &*
„ *enſuite de fondement à la première plainte de M. le Procureur-*
„ *Général, renvoyée au Châtelet : je le prouve par le Mémoire*
„ *même où ſont tranſcrites & commentées les Lettres que le ſieur*
„ *de Leyrit recevait de mon père ; & voici copie de ce Mémoire*
„ *qui eſt au Procès.* 2°. *Le ſieur de Leyrit a dénoncé mon père*
„ *au Roi & au Miniſtre, conjointement avec le Conſeil de Pon-*
„ *dichéry : je le prouve par la Requête au Roi, du 3 Août* 1762,
„ *par le Mémoire & la Lettre au Miniſtre, du* 19 ; *& voici copie*
„ *de ces Pièces qui ſont au Procès.* 3°. *Mon père, avant ſa*
„ *détention, & du fond de ſa priſon, a demandé inutilement la*
„ *permiſſion de rendre plainte, & de ſe conſtituer Partie civile*
„ *contre le ſieur de Leyrit, compris collectivement par lui dans le*
„ *nombre des auteurs, fauteurs, complices & adhérens des li-*
„ *belles, calomnies, diffamations, machinations & complots*
„ *tramés pour le perdre : je le prouve par la minute du Mé-*
„ *moire préſenté à M. le Premier Préſident & au Comte de Saint-*
„ *Florentin, par la minute de la procuration envoyée à ce Mi-*

* Voyez pag. 41 & 42 de mon Plai-doyer.

„ *niſtre lui-même par l'Archevêque de Narbonne ; & voici*
„ *toutes ces Pièces* *. Proteſtant formellement dès-à-préſent
„ contre toutes inductions que M. d'Eſpréménil voudrait tirer
„ de la préſente déclaration, & contre leſquelles je me réſerve
„ expreſſément, & même perſonnellement, à propoſer tous
„ moyens & fins de non-recevoir qu'il appartiendra ; ſoute-
„ nant que ce qui s'eſt paſſé & ce qui ſe paſſera à cet égard, eſt
„ abſolument étranger à la cauſe que je défends comme Cura-
„ teur ; faiſant même, en madite qualité de Curateur, une
„ proteſtation générale contre tout ce qui pourrait avoir été
„ ou être écrit, dit, fait & ſtatué par moi, ou par tout
„ autre, au préjudice de la mémoire de mon père & de ſon
„ Procès ».

* *Voyez* pag. 98 & 59 de mon Plaidoyer

La déclaration du Suppliant était conforme à la plus exacte vérité. Dans l'Aſſemblée immenſe qui l'entendit, il n'y eut pas un ſeul homme de bonne-foi, qui ne reconnût les propres paroles que le Suppliant avait plaidées. Le ſieur Duval d'Eſ-préménil lui-même n'oſa les nier. Il imagina un autre expé-dient. Il dit au Suppliant : « Vous vous jettez vainement
„ dans des ſubtilités. Je n'ai jamais prétendu que vous fûſſiez
„ conſéquent. Vous avez plaidé les phraſes que vous venez
„ de répéter, & vous avez plaidé celles que j'ai rapportées,
„ quoique dans les unes & dans les autres il y en ait de contra-
„ dictoires : au fond vous dites à-peu-près la même choſe que
„ moi. Il ſe peut que vous n'ayez pas dit de ſuite que mon
„ oncle était *le chef d'une cabale acharnée ſur votre père*. Mais
„ dans un endroit, vous avez appellé mon oncle *chef de*
„ *cabale*, & dans un autre endroit, vous avez parlé d'*une*
„ *cabale acharnée ſur votre père*. Quelque part, vous avez

,, dit qu'*une cabale acharnée avait dénoncé votre père*, & ail-
,, leurs vous avez dit qu'*elle avait diffamé votre père*. Tout
,, cela fait bien que, felon vous, mon oncle a *été le chef*
,, *d'une cabale acharnée fur votre père*. Peut-être, au refte,
,, n'avez-vous pas dit *le chef*, mais vous avez dit du moins *un*
,, *des chefs*. Enfin, de Curateur à la mémoire de votre père,
,, vous êtes devenu le dénonciateur perfonnel de mon oncle ,,.
Le fieur Duval voulut enfuite faire fufpecter *la droiture* & la
fincérité du Suppliant, & il lui adreffa ces raifonnemens. Premier raifonnement. « Vous dites que vous êtes impatient de
,, venger la mémoire de votre père : or vous avez paffé trois
,, féances entières à plaider : donc vous n'êtes pas impatient ;
,, donc en difant que vous l'étiez, vous n'avez pas été de
,, bonne-foi ». Autre raifonnement. « Je vous ai accufé d'a-
,, voir dit que *tous les Juges de votre père étaient des bourreaux*,
,, & vous l'avez nié : or dans votre Mémoire au Confeil ,
,, dans ce Mémoire que j'ai & que je produirai, vous avez dit
,, qu'on avait admis contre votre père des témoins qui avaient
,, voulu l'affaffiner : donc vous avez dit que tous les Juges de
,, votre père étaient des bourreaux ; donc en niant l'avoir dit,
,, vous n'avez pas été de bonne-foi ». Conféquence générale.
« Donc n'ayant pas été de bonne-foi dans ces deux occafions,
,, vous ne l'êtes pas aujourd'hui ; donc on ne peut pas croire
,, votre dénégation ». Le Suppliant ne prétend pas fans doute
répéter les propres expreffions du fieur Duval ; mais il peut affurer, & il en appelle à tous ceux qui l'ont entendu, que les
raifonnemens font préfentés dans la plus fcrupuleufe exactitude. Enfin, après avoir prétendu qu'on ne pouvait fe fier à la
droiture du Suppliant, le fieur Duval voulut montrer que,
quant à lui, l'on pouvait du moins fe fier à fa mémoire. Il

annonça

annonça qu'il allait répéter un morceau du Plaidoyer du Comte de Lally. Il déclama fept à huit phrafes où le Suppliant n'en avait dit que trois, parcourut des yeux l'Affemblée, & s'écria avec complaifance : ,, Eh bien! ai-je bonne mémoire? ,,

Le Suppliant répliqua en quatre paroles : « Je ne connais » point les fubtilités. Je ne réponds point aux injures. En pre- » nant un mot dans une page de mon Plaidoyer & un mot » dans une autre, on me fera dire tout ce que l'on voudra. Je » perfifte dans ma déclaration ».

Alors le fieur Duval conclut à ce que le Suppliant fût aftreint à faire ferment fur fa Déclaration, & l'interpella pour favoir s'il y confentait. L'interpellation ne fut pas honnête. Il fe *commit* encore, contre celui qui la faifait, une *indécence déplacée, occafionnée par des rumeurs répréhenfibles*. Les *rumeurs* furent même plus vives que jamais. Le fieur Duval, fe retournant vers le Public, lui adreffa ce peu de mots : ,, Je croyais que ,, la Cour venait de rendre un Arrêt ,,. Ni ces paroles, ni le ton Magiftral dont elles étaient prononcées, n'en impoférent. Déja aguerri par ce qui s'était paffé la furveille, le fieur Duval prit le parti de braver des *indécences* qu'il ne pouvait empêcher. Il renouvella fon Interpellation, prit fes Conclufions fur le Barreau, affifté de fon Procureur, parla tout-à-la-fois & du ferment du Suppliant & du record des Juges, s'enveloppa enfin dans tous les piéges que la chicane put lui fuggérer, & fomma le Suppliant de répondre fans conférer avec fes Confeils.

Sur ces entrefaites, l'heure fut rapportée ; le fieur Duval

G

dit encore quelques mots, ne demanda point de continuation, & la Cour leva l'Audience.

Le Suppliant touche ici à un événement, fur lequel il voudrait pouvoir garder le filence, mais qu'il ne pourrait taire fans trahir fa caufe & fon devoir. La levée de l'Audience lui laiffait l'intervalle d'une demie-heure, & la liberté de conférer avec fes Confeils fur les piéges qu'on venait de lui tendre. Un des Juges voulut lui enlever cet avantage. A la face de tout le Public, il ne craignit pas d'arrêter dans leur marche & le fieur Premier - Préfident & les Magiftrats qui le fuivaient, & il prétendit les forcer de fiéger après l'heure rapportée. L'entreprife échoua ; & ce même Public, à peine revenu de fon étonnement, y fut replongé plus que jamais, en apprenant que ce même Juge, pour fe venger de ce qu'on n'avait pas obéi à fa volonté, venait de dénoncer le fieur Premier - Préfident à la Chambre, qui cependant n'avait pas pu ne pas rougir d'une pareille dénonciation, & qui, après avoir commencé par *mettre la matiere en délibération*, avait fini par dire *qu'il n'y avait lieu à délibérer* (Nᵒ. 13).

Le Suppliant avouera que, dans le premier inftant, il forma le projet de récufer publiquement ce Juge, auffi - tôt que la Cour remonterait. Cependant il fe contint. La fcène qui venait de fe paffer, la prévention, la fermentation qu'elle annonçait, ce qui avait tranfpiré des débats de la furveille, la récufation du matin, tout ne faifait que trop preffentir au Suppliant l'Arrêt qui allait fe rendre. Mais comme la vérité était dans fon cœur, il n'en offrit pas moins le ferment qu'on lui avait demandé. Il dit mot à mot au fieur Duval : « Demandez-

» vous mon ſerment ſur l'exactitude de vos Concluſions ? je
» les ſoutiens inexactes. Demandez - vous mon ſerment ſur
» l'exactitude de ma déclaration ? je la ſoutiens exacte. J'offre,
» ſur ces deux points, le ſerment que vous me ſommez de
» faire, ſi la Cour l'exige. Mais je la ſupplie d'obſerver que
» dès - lors mon ſerment eſt déciſoire, & qu'il ne peut plus
» y avoir lieu au record. Au ſurplus je demande acte à mon
» tour, de ce que vous venez de plaider que *de Curateur à*
» *la mémoire de mon père, je ſuis devenu Dénonciateur per-*
» *ſonnel de votre oncle* ».

A ces mots, le ſieur Duval déclara qu'il ne voulait plus du
ſerment, auquel il avait conclu aſſiſté de ſon Procureur, & il
invoqua le record des Juges. Ce déſiſtement ſubit acheva de
mettre dans tout leur jour, l'eſprit, les projets, les moyens du
ſieur Duval ; l'indignation publique fut à ſon dernier degré ; les
rumeurs s'élevèrent en proportion ; & le ſieur Duval ſaiſit cet
inſtant pour dire aux Juges : « Vous voyez, MM. que le Pu-
» blic a déja jugé pour moi contre mon Adverſaire, & il ne
» me reſte plus qu'à obtenir de vous un Arrêt conforme au
» ſien ». Il n'y eut point de *rumeurs* pour cette fois. Tout le
monde ſe regardait, & perſonne n'en croyait ſes oreilles.

Le ſieur Avocat - Général prit la parole. Le premier jour,
il avait été *mémoratif des phraſes* ; le ſecond, il n'avait plus
oſé être *garant des expreſſions* ; le troiſième, il ne fut plus
ni certain ni incertain ; il n'aſſura ni ne contredit rien ; il ne
parla ni de *phraſes* ni d'*expreſſions* ; il s'en *rapporta au Re-*
cord. L'on ordonna un Délibéré, & les concluſions des
Parties furent miſes ſur le Bureau.

G ij

Le sieur Duval venait d'en rédiger de nouvelles. En les rédigeant, non - seulement il avait oublié ce qu'il venait de dire , & il avait rejoint les différentes expressions que lui-même venait de prétendre avoir été plaidées séparément par le Suppliant ; mais il avait oublié jusqu'à ses conclusions du Mercredi précédent , & dans les secondes qu'il venait de prendre , il avait tourné les prétendues phrases du Suppliant autrement que dans les premieres. Ces doubles conclusions sont portées sur le Regiſtre , & le Suppliant les joint à la présente Requête (N°. 13). Qu'on les rapproche, & l'on verra que des quatre phrases dont le sieur Duval a demandé acte, il n'y a que la première seule , sur laquelle ses conclusions du Mercredi n'aient pas été détruites par celles du Vendredi ; & cependant Arrêt intervint qui lui adjugea les secondes , sans avoir égard à la déclaration du Suppliant , & sans prononcer qu'elle était fausse.

Combien de réflexions se présentent sur cet Arrêt !

Premièrement, l'acte qu'on avait refusé au sieur Duval le Mercredi , lorsqu'il affirmait positivement les faits , lorsque le Miniſtère Public soutenait en être *mémoratif*, lorsque le Suppliant ne niait point; on l'accorde le Vendredi, lorsque le sieur Duval tergiversait, lorsqu'il variait, lorsqu'il présentait des alternatives , lorsqu'il avait besoin de coudre des mots séparés pour en former des phrases, lorsqu'il tendait des piéges, lorsqu'il faisait des sommations & qu'il s'en désistait à l'inſtant, lorsque le Miniſtère Public n'osait plus se dire *mémoratif*, lorsque le Suppliant, d'une part, reconnaissait formellement ce qu'il avait dit, & , de l'autre, niait formellement ce

qu'il n'avait pas dit, lorfqu'il démontrait la vérité de fa re-
connaiffance & de fa dénégation, lorfqu'il offrait fon ferment
& à l'appui de fa déclaration & contre les Conclufions du
fieur Duval : une pareille inconféquence ne peut fe concevoir.

Secondement, pourquoi ne pas donner acte au Suppliant
de fa déclaration ? L'Arrêt ne la déclare pas fauffe : on la
reconnaiffait donc vraie. Elle l'était de l'aveu même du fieur
Duval. En admettant même que le Suppliant eût laiffé échapper, dans un autre endroit de fon Plaidoyer, les phrafes qu'on
lui attribuait, le réfumé que renfermait cette déclaration,
expliquait, reftraignait, déterminait le jufte fens des expreffions vagues & indéfinies dont le Suppliant eût pu fe fervir
ailleurs. Etait-il jufte de donner acte au fieur Duval de ce
qui était défavoué par le Suppliant, & de refufer au Suppliant acte de ce qui était avoué par le fieur Duval ?

Troifiémement, perfonne n'a ignoré de combien peu il
s'en était fallu, le Mercredi, que le fieur Duval n'obtînt fon
acte *de plano*, & conformément à fa première verfion ; &
cependant le Vendredi, cet acte eft accordé conformément
à la feconde. Mais fi dans la première verfion, l'on avait reconnu les phrafes du Suppliant, comment pouvait-on les
reconnaître dans la feconde ; & fi on les reconnaiffait dans
la feconde, comment avait-on pu les reconnaître dans la
première ? Quel eft donc l'empire de la prévention fur la
raifon & fur la vertu même ? Quel était donc ce pouvoir
magique exercé par un feul homme fur la mémoire de tant
d'autres, qui les faifait fe rappeller ce qu'ils n'avaient pas

entendu, oublier ce qu'on leur avait dit, se souvenir & ne se souvenir plus, au gré de l'Enchanteur habile qui maîtrisait leurs facultés ?

Cependant l'enchantement ne fut pas universel. Les Magistrats les plus distingués de la Grand'Chambre s'y dérobèrent. Sans doute ils n'étaient pas plus équitables que le reste de leurs Collegues, & tous portaient dans leur cœur un désir égal de rendre justice ; mais plus expérimentés & plus calmes, ils étaient plus à l'abri de l'illusion & de l'enthousiasme dangereux qu'elle produit. On a su qu'un des plus vénérables par son âge, par ses lumières, par ses vertus, avait opposé à l'effervescence qui l'environnait, ces paroles bien dignes de lui : « J'admire votre mémoire. Je ne me souviens point » d'avoir entendu les paroles que M. de Lally nie avoir » dites ; mais je croirais m'en souvenir, qu'en mon ame & » conscience je n'oserais pas me fier à ma mémoire, contre » une dénégation aussi formelle, sur sept à huit mots, pré- » tendus prononcés il y a quinze jours ». On a su qu'un autre non moins respecté, cité dans sa Compagnie pour son scrupule religieux, pour son excellente mémoire, & qui de plus avait pris des notes sur les Plaidoiries, avait rendu au Comte de Lally le même témoignage. On a su les noms de tous les autres Magistrats qui ont opiné de même ; & parmi ces noms, il n'en est pas un seul qui ne porte l'empreinte de l'estime & de la vénération publique.

Ces témoignages précieux, celui du Public qui vint s'y joindre, ne tardèrent pas à consoler le Suppliant, que l'Arrêt avait d'abord plongé dans le plus grand chagrin. A envisager

les chofes froidement ; cet Arrêt ne prononçait rien contre
lui. Il avait offert fon ferment fur l'*inexactitude des Conclu-*
fions prifes par le fieur Duval, & le fieur Duval les reconnaiffait lui - même *inexactes*, puifqu'il les réformait par de nouvelles. Il avait offert fon ferment fur l'*exactitude de la décla-*
ration, & ni le fieur Duval, ni l'Arrêt ne portaient atteinte
à cette déclaration, puifque l'un n'avait pas ofé la foutenir,
& que l'autre n'avait pas ofé la déclarer fauffe. Mais dans le
premier inftant, le Suppliant n'avait vu que le refus de lui
donner acte d'une déclaration à l'appui de laquelle il offrait
fon ferment. Il avait d'ailleurs affirmé, & il affirme encore
fur fa parole d'honneur, n'avoir jamais dit du fieur de Leyrit
le Chef d'une cabale acharnée fur le fieur de Lally, & l'Arrêt
jugeait qu'il avait dit *un des Chefs*. Sa délicateffe s'indignait
de la feule idée qu'on pût le foupçonner de hafarder légére-
ment fa parole & fon ferment ; car pour le crime d'avoir nié
contre fa confcience, & d'avoir voulu fe parjurer fciemment,
il n'imaginait pas que qui que ce foit eût feulement l'idée de
l'en accufer, excepté le fieur Duval, qui, même en le difant, ne l'a pas cru. Au refte, le Suppliant fut bientôt plus
que confolé ; il fut vengé du fieur Duval, par le fieur Duval
lui - même, par un nouvel incident que ce Magiftrat éleva
au milieu de l'Audience fuivante.

Le Suppliant, dans fa troifième propofition, en traitant la
compenfation d'injures, avait comparé, ainfi qu'on l'a vu plus
haut, le Mémoire juridique de fon père, & le Mémoire extrajudiciaire répandu autrefois par le fieur Duval, intitulé : *Cor-*
refpondance des fieurs de Leyrit & de Lally, avec les notes du
premier. Peu après il en vint à la déclaration déja citée, dans

laquelle il diftinguait deux perfonnes en lui, celle de Curateur à la mémoire de fon père, & celle de Défenfeur. Il en était à cette phrafe : *Le Curateur protefte formellement de nullité ; il défavoue abfolument le Défenfeur fur tout ce qui eft étranger aux fins de non-recevoir indeftructibles, judiciaires, & abfolument indépendantes de tous faits & de toutes pièces y relatives : mais le Défenfeur, lui, ne défavoue rien ; il foutient ce qu'il a dit ; il s'en rend garant en fon propre & privé nom ; fi….* Sur ce mot, le fieur Duval interrompit le Suppliant, & s'écria : « J'en demande acte „ — «. J'y confens, repartit le Suppliant avec la même vivacité ; « & après avoir achevé ma déclara-
„ tion, je vais la faire paffer à M. l'Avocat-Général. Oui, je
„ vous le répète, *le Défenfeur ne défavoue rien ; il foutient*
„ *ce qu'il a dit ; il s'en rend garant en fon propre & privé*
„ *nom ; fi vous avez une attaque à former, c'eft contre lui per-*
„ *fonnellement ; livrez-la lui cette attaque ; il s'y offre, il l'at-*
„ *tend, il la foutiendra, & avec moins de jactance il a peut-être*
„ *plus de fécurité „„*

Le fieur Duval ne voulut point entendre la fin de la phrafe qu'il avait interrompue, & il rédigea fes Conclufions par écrit. Mais, pour fon malheur, il les lut cette fois ; & il avait tellement dénaturé les phrafes du Suppliant, en y intercalant des mots, que tout le Public, fans laiffer au Suppliant le temps d'ouvrir la bouche, s'écria de tous les coins de la Salle : *Cela n'eft pas vrai, il ne l'a pas dit : non, non, non, il ne l'a pas dit.*

Il faut être jufte. Le fieur Duval foutint ce démenti univerfel avec l'intrépidité la plus héroïque. Sur les mots que le Public conteftait, conteſtait, il répondit froidement : *Eh bien! il n'y a qu'à rayer*; & il reprit la lecture de ſes Concluſions.

Il y avait ajouté un nouvel objet. Il y demandait acte d'une phraſe qu'il prétendait encore avoir été plaidée par le Suppliant, lorſque celui-ci *avait*, diſait-il, *traité de libelle, le Mémoire intitulé Correſpondance.* Le Suppliant a fait de vains efforts pour ſe rappeller cette phraſe; mais il ſe ſouvient très-poſitivement que le ſieur Duval, après l'avoir proférée, ajouta ces mots par forme de réflexion : *Voilà ce que mon Adverſaire a dit, & ce qui doit* APPAREMMENT *s'entendre du ſieur de Leyrit.* Préciſément le Suppliant venait de plaider, il n'y avait pas encore un quart-d'heure, que tous les faux témoins de l'Inde avaient fondé leurs calomnies ſur ces quatre mots, APPAREM-MENT, *probablement, peut-être, ſans doute* *. Le Public ſaiſit encore avec avidité la reſſemblance des deux manières & la conformité des deux langages, & le ſieur Duval ſoutint encore avec intrépidité les *rumeurs* que fit naître l'application.

* *Voyez* pag. 149 de mon Plaidoyer.

Le Suppliant avoue qu'il triomphait de cette nouvelle con-teſtation. Il s'écria que *déſormais on pouvait apprécier, par l'incident qui venait de naître, celui de la dernière Audience.* « J'eſpère, ajouta-t-il, qu'il n'y aura pas de difficulté pour la „ déciſion de celui-ci, parce qu'il n'y a pas quinze jours d'in-„ tervalle entre ma plaidoirie & les actes demandés. Je con-„ ſens que ces actes ſoient accordés, mais conformément „ à mes propres expreſſions, & pour cet effet je vais les ré-„ péter, & les faire paſſer à M. l'Avocat-Général, après les „ avoir copiées ſur mes feuilles ». Cette méthode, au reſte, n'était autre que celle qu'il avait ſuivie dans le premier incident.

H

En effet, le Suppliant fe mit à tranfcrire les deux morceaux de fon Plaidoyer fur lefquels le fieur Duval incidentait. Il les relut publiquement, avant de les remettre au fieur de Gré-court. Croira-t-on que lorfqu'il fut arrivé à la phrafe au milieu de laquelle il avait été interrompu, le fieur Duval voulut l'em-pêcher d'achever cette phrafe, & ne craignit pas de lui dire hautement : *Ceci ne doit point être dans l'acte, car c'eft là que je vous ai interrompu ?* Ainfi, d'après ce fyftême, fi le Sup-pliant eût été dans le cas de citer & de traduire dans fon Plai-doyer le paffage connu, *dixit infipiens in corde fuo : non eft Deus ;* s'il eût fait une inverfion, & fi au lieu de traduire, *l'infenfé dit dans fon cœur : il n'y a pas de Dieu,* il eût tra-duit, *il n'y a pas de Dieu, dit l'infenfé dans fon cœur,* le fieur Duval, en l'arrêtant au milieu de fa phrafe, eût pu en de-mander acte, pour accufer le Suppliant d'athéifme ; & lorf-que le Suppliant eût voulu achever cette phrafe, le fieur Duval lui eût dit : " N'allez pas plus avant, je vous ai arrêté „ fur ces mots, *il n'y a pas de Dieu ;* c'eft là que je vous ai „ interrompu, & le refte ne peut pas être mis dans l'acte „. Voilà cependant l'efpèce de guerre qu'a faite au Suppliant un ancien Avocat du Roi au Châtelet, un Confeiller au Parlement de Paris, enfin Monsieur Duval d'Espréménil. Et l'on s'étonnera que cette nouvelle fubtilité ait encore excité un cri public ! Et l'on s'étonnera que l'Arrêt fulminé en faveur du fieur Duval, mendié peut-être par lui pour étouffer ces cris publics, n'ait produit d'autre effet que celui qu'il a produit ! Si l'on eût voulu ce jour là exécuter l'Arrêt, il eût fallu mettre deux mille perfonnes en *prifon.*

Le Suppliant ne daigna pas s'arrêter à la dernière chicane

qu'on lui faifait ; il acheva fa lecture , & remit fes Conclufions
au fieur Avocat-Général , en difant : *Il n'y a ni une lettre de
plus , ni une lettre de moins que ce que j'ai dit.* Le fieur Duval ,
de fon côté , fit paffer les Conclufions qu'il venait de récrire.

Le fieur Avocat-Général , qui , le Mercredi précédent ,
avait été *mémoratif* des phrafes prétendues plaidées il y avait
quinze jours , ne fut pas *mémoratif* , ce jour là , de celles
qu'il venait d'entendre à l'inftant. Il *s'en rapporta à la Cour ,
pour accorder* , ce font fes termes , *pour accorder les actes demandés , ou en partie , ou en totalité.* Le Suppliant va rappro-
cher ici fes Conclufions & celles du fieur Duval , telles
qu'elles font fur le regiftre ; il y joindra l'Arrêt qui fut rendu ;
c'eft la manière la plus fimple de faire apprécier le tout.

Extrait des Regiftres du Parlement ,

Du Mercredi 15 Mars.

Le fieur DE LALLY a continué fa plaidoirie , & avant la fin , M. d'Efpréménil
l'ayant interrompu , a conclu ,

Le fieur DE LALLY-TOLENDAL parlant en fon nom , a dit :

A ce qu'il plaife à la Cour lui donner
acte , de ce que le fieur de Tolendal , après
avoir propofé la diftinction , dans fa perfonne , de Curateur à la mémoire du feu
Comte de Lally , & de Défenfeur dudit
Comte de Lally , a ajouté :

Je confens que l'acte foit accordé , &
que mes expreffions foient dans cet acte ,
& à cet effet je les répète copiées.

*Le Curateur , qui eft un perfonnage froid ,
légal , infaillible , eft dans l'heureufe impuiffance de préjuaicier à fon pupille. Il fe
borne & il doit fe borner aux fins de non-
recevoir indeftructibles , judiciaires , &
abfolument indépendantes de tous faits , &*

Le Curateur à la mémoire désavoue le Défenseur . . . .
. . . . mais le Défenseur, lui, ne désavoue rien ; il soutient ce qu'il a dit ; il s'en rend garant en son propre & privé nom ;

Demandant acte aussi de ce que le sieur de Tolendal vient de plaider,

Que la correspondance des sieurs de Leyrit & de Lally, publiée en mil sept cent soixante & dix, par les héritiers du sieur de Leyrit, est un libelle diffamatoire DUD:T FEU SIEUR DE LEYRIT *contre le sieur de Lally.*

de toutes pièces y relatives. **Le Défenseur** *qui est un fils, emporté par son zèle, outragé, vexé, déchiré, hors de lui par l'affreux tableau qu'on a tracé de son père, peut ne pas pouvoir se contenir, peut se tromper, peut s'égarer, a pu croire nécessaire de réhabiliter par des faits, dans l'opinion publique, celui que vous avez cherché à y perdre. Le Curateur proteste formellement de nullité, désavoue absolument le Défenseur sur tout ce qui est étranger aux fins de non-recevoir Mais le Défenseur, lui, ne désavoue rien ; il soutient ce qu'il a dit ; il s'en rend garant en son propre & privé nom ; si vous avez une attaque à former, c'est contre lui personnellement ; livrez-la lui cette attaque ; il s'y offre, il l'attend, il la soutiendra, & avec moins de jactance il a peut-être plus de sécurité. . . . . . .*

: . . D'un autre côté je vois un Mémoire extrajudiciaire (la Correspondance), sans signification, sans instance liée, sans assignation, portant tous les caractères d'un libelle ; des notes écrites, OU PRÉTENDUES ÉCRITES *par un homme mort ; des lettres dont on cherche perpétuellement à tordre & à défigurer le sens ; dans ces notes les allégations les plus graves & aucun fait positif ; des entretiens tête-à-tête que personne ne peut vérifier ; des noms, des dates en blanc ; des sarcasmes, de prétendus bons mots qui feraient pitié, s'ils ne faisaient horreur ; des contradictions insoutenables.*

Pour tirer de ces *faits* telle induction ,
& prendre fur iceux tel parti qu'il appartiendra.

De Grécourt , Avocat , pour le Procureur-Général du Roi

La Cour , Parties ouies, & le Procureur-Général du Roi , a accordé *audit d'Efpréménil l'acte par lui demandé* , & au Comte de Lally-Tolendal acte de fon confentement à ce que ledit acte foit accordé, *conformément aux expreſſions répétés dans ſes
Concluſions ;* pour par ledit d'Efpréménil en tirer telles inductions qu'il appartiendra ,
défenfes au contraire. Fait en Parlement, &c. (N°. 14).

Que l'on s'arrête d'abord aux Concluſions des deux Parties , qu'on les compare , & que l'on examine, dans les unes ,
les difcours du Suppliant , tels qu'ils font fortis de fa bouche ,
& dans les autres, ces mêmes difcours , tels qu'ils font rendus
par fon Adverfaire.

Premièrement , le fieur Duval fait dire au Suppliant ; vaguement & indéfiniment, que *le Curateur à la mémoire déſavoue le Défenſeur* , fans exprimer fur quoi, fans déterminer
par aucun mot le fens de ce défaveu, en fupprimant la fin de
la phrafe qui le déterminait : or le Suppliant s'était expliqué
clairement , pofitivement ; il avait dit : *Le Curateur à la mémoire déſavoue abſolument le Défenſeur* SUR TOUT CE QUI EST
ÉTRANGER AUX FINS DE NON-RECEVOIR. Secondement, le
fieur Duval fait dire au Suppliant , en trois mots , que *la correſpondance des fieurs de Leyrit & de Lally.... eſt un libelle :*
or le Suppliant avait préparé, expliqué, juftifié cette expreffion par plufieurs membres de phrafes ; il avait préfenté , il
avait détaillé la réunion des traits, d'après lefquels il foute-
nait que ce Mémoire *portait tous les caractères d'un libelle.*
Troifièmement, le fieur Duval fait pofer en fait par le Suppliant , que ce Mémoire *était un libelle* DU SIEUR DE LEYRIT :

or le Suppliant avait fait tout le contraire ; loin de le pofer en fait , il l'avait révoqué en doute ; il avait dit , *des notes écrites ,* OU PRÉTENDUES ÉCRITES PAR UN HOMME MORT , & dans la vérité le Suppliant eft très-convaincu que cet *homme mort,* que *le fieur de Leyrit* n'eft point l'Auteur du *Mémoire,* des *notes ,* enfin du *libelle* qu'on lui attribue.

Que penfer actuellement de la manière dont le fieur Duval rédige les actes qu'il ofe demander, réfume les difcours qu'il vient d'entendre , & traveftit les phrafes qu'il prétend copier? Il n'y a pas de milieu : il faut néceffairement trouver ici , ou bien peu de mémoire , ou bien peu de fidélité. Le fieur Duval n'a ceffé d'annoncer que fa mémoire était un prodige : refte donc que fon infidélité en eft un autre.

Mais que penfer enfuite de l'Arrêt qui eft au bas des doubles Conclufions qu'on vient de lire ? de cet Arrêt qui ne pouvant pas juger contre le Suppliant , n'a cependant pas jugé contre le fieur Duval? de cet Arrêt qui a donné raifon à tous deux ? de cet Arrêt qui, par ce moyen, a dit les deux contraires, *le blanc* & *le noir, le oui* & *le non ?* de cet Arrêt qui, en *accordant audit d'Efpréménil l'acte par lui demandé,* le met dans le cas de prétendre , comme *chofe jugée ,* qu'il a fidèlement répété le Comte de Lally, & qui, en accordant au Comte de Lally acte de *fes expreffions répétées & copiées,* le met dans le cas de foutenir, comme *chofe jugée,* que le fieur d'Efpréménil l'a travefti? On a répondu aux plaintes du Suppliant fur cet objet, qu'il n'avait pas formé oppofition à l'acte demandé par fon Adverfaire. Mais *confentir à ce que l'acte fût accordé, conformément aux expreffions répétées dans fes Conclufions,* n'était-ce donc pas s'oppofer implicitement & néceffairement à ce que l'afte fût accordé *non conformément à ces expreffions ?* Mais dans tous les cas, la Juftice ne devait-elle pas lui fubvenir, elle qui favait la vérité & qui venait de l'entendre ? Qui doutera, d'après un tel Arrêt, que fi le fieur Duval eût encore attendu quinze jours pour demander ce fecond afte, l'illufion n'eût encore été renouvellée, la déclaration fidèle du Suppliant encore mife à l'écart, & les allégations fauffes de fon Adverfaire encore confacrées?

'Après le jugement de ce fecond incident, le Suppliant revint encore fur le premier, qui lui tenait d'autant plus fortement au cœur, qu'il avait compromis fa délicateffe pendant quelques inftans. Il ne fortit point du refpeft qu'il devait à fes Juges, même dans leur erreur ; mais il fit voir que le cri de fa confcience, de fon honneur, & de la vérité, s'élevait audeffus de leur Arrêt, & en s'armant d'avance contre les injures que le fieur Duval annonçait devoir entaffer contre lui, il lui adreffa ces paroles * : « Je m'attends à tout ; je prévois & je ,, connais tout ; je vous répondrai fur tout, oui fur tout, ,, même fur l'incident de Mercredi dernier, fi vous êtes affez ,, peu généreux pour en faire une fource d'outrages contre ,, moi, pour me livrer une attaque contre laquelle vous croirez que je n'ai point d'armes dans cette enceinte, & pour ,, me placer entre un Arrêt & ma confcience. J'analyferai ,, d'un bout à l'autre cet incident inconcevable, qui, encore ,, une fois, doit être déformais appré.ié par celui que vous ,, venez d'élever, votre affertion pofitive, vos variations, ,, vos contradiftions, vos fubtilités, vos interpellations, vos ,, fommations, vos défiftemens. Je fens les dangers que peut

* *Voyez* pag. 304 de mon Plaidoyer.

„ entraîner pour moi cette réponfe, d'après le Jugement que
„ vous ne manquerez pas de m'oppofer ; mais ces dangers ne
„ m'étonneront pas, fi vous avez la cruauté de m'y précipiter.
„ J'ai été inftruit, Monfieur, à refpecter tout ce que je dois
„ refpecter : mais j'ai été inftruit en même tems à devenir mar-
„ tyr, s'il le fallait, du refpect que je me dois à moi-même.
„ Vous m'avez fait verfer des larmes bien amères par l'iffue
„ de cet incident cruel ! Jouiffez-en, puifque mes tourmens
„ font vos plaifirs, puifque vous affectez jufques dans ce fanc-
„ tuaire, & à la face de tout le Public, de voltiger avec le
„ rire fur les lèvres, quand vous me mettez le poignard dans
„ le cœur. Mais ne vous glorifiez pas de m'avoir fait rougir :
„ n'efpérez pas m'avoir fait trembler. Il y a loin de la délica-
„ teffe qui fouffre de l'ombre même d'un affront non mérité, à
„ l'abbatement qui empêche de le repouffer. L'excès de la fen-
„ fibilité eft voifin de l'excès du courage. Enfin je ne balan-
„ cerai jamais entre ma vie & mon honneur.... Vous m'avez
„ appris, ô mon père, comme un innocent fait porter fa tête
„ fur un échafaut „ !

Tels font les incidens qui accompagnèrent ou interrom-
pirent les Plaidoiries du Suppliant. Il demande grace pour le
détail prefque minutieux avec lequel il en a rendu compte.
Il a cru fe le devoir à lui-même. Il n'a d'autre paffion, d'autre
bien que fon honneur ; on l'a attaqué, & fa défenfe, fût-elle
même inutile d'après le ridicule de l'attaque, eft au moins
excufable d'après la pureté du motif.

La Plaidoirie du Suppliant terminée, Me Ducaftel, Avocat du fieur Alen, commença la fienne, & prit les Conclufions

ſions dont on a déja rendu compte. Il fut interrompu par la fin de l'Audience. La vacance de Pâques approchait, & la cauſe fut remiſe au 12 Avril ſuivant.

A U SORTIR de l'Audience, on rapporta à la Chambre une Requête préſentée par la Dame Guyomar de Saint-Vincent, veuve du Comte d'Aché, Vice-Amiral de France, accuſé au Procès & mort vers le commencement des Plaidoiries ſur l'intervention. Elle concluait » à ce qu'il lui fût „ accordé acte de ce qu'elle reprenait, au nom & comme „ Héritière du Comte d'Aché ſon époux, l'inſtance & ſuite „ du Procès inſtruit à la requête de M. le Procureur-Général, dans le même & ſemblable état où il était avant » le décès dudit ſieur Comte d'Aché ; & pour ce qui con— » cerne la vindicte publique, nommer un Curateur à la „ mémoire dudit ſieur Comte d'Aché ; concluant dès-actuel- „ lement la Suppliante à ce que réitérant la demande „ formée au Parlement de Paris par ledit ſieur Comte „ d'Aché, les termes injurieux & calomnieux répandus „ dans les Mémoires dudit feu ſieur Comte de Lally, fûſſent „ de nouveau rayés & biffés.... ſe réſervant à former la „ même demande de radiation, s'il y a lieu, contre tous „ autres Mémoires qui parviendront à ſa connoiſſance, „ ainſi qu'à prendre telles concluſions qu'il appartiendra ; „ à laquelle fin, ordonner que la préſente ſera ſignifiée à „ M. le Procureur-Général, ainſi qu'au Procureur du ſieur „ de Lally-Tolendal, & aux Procureurs des autres Parties „ qui ont fondé, pour voir dire & ordonner que la pré- „ ſente repriſe d'inſtance ſera jointe au Procès principal

Repriſe d'inſtance de la Comteſſe d'Aché.

I

„ appointé & diftribué au rapport de M. Mouchard ; pour
» en jugeant , être fait droit fur le tout „.

Arrêt intervint conçu en ces termes : « La Cour, la
„ Grand-Chambre affemblée , a accordé à ladite Guyomar
„ de Saint-Vincent acte du contenu en fa Requête ; a
„ nommé Alexandre-Louis Baron d'Aché , ancien Lieu-
„ tenant de vaiffeau & Chevalier de l'Ordre Royal & Mi-
„ litaire de Saint-Louis , Curateur à la mémoire du feu
„ Comte d'Aché, Vice-Amiral de France , à la charge de
„ prêter ferment en la forme ordinaire ; & au furplus a
„ ordonné que ladite Requête fera fignifiée , tant au Pro-
„ cureur-Général , qu'au Comte de Lally-Tolendal & autres
„ parties qui ont fondé „.

En conféquence cette Requête fut fignifiée au Suppliant
& aux autres Parties , le 7 Avril fuivant , avec *fommation
d'audience , au Mercredi prochain , de la Grand-Chambre
affemblée , & audiences fuivantes , tant que befoin ferait,
fur & aux fins de ladite Requête* (N. 15).

S'il y a jamais eu une Procédure abfurde , marquée par
l'oubli le plus profond des notions les plus triviales & des
principes les plus élémentaires , c'eft celle qui a *été* faite
relativement à cette Requête de la Comteffe d'Aché.

Premiérement, qu'un homme qui s'eft conftitué Partie
civile dans l'accufation d'un délit privé , meure au milieu
de fes pourfuites , & que fes Héritiers reprennent l'inftance

criminelle pour réclamer l'intérêt civil qu'il réclamait, cela se conçoit, cela se peut, cela s'eft vû. Mais que le Comte d'Aché, accufé de délits publics par le Miniftère public, meure dans le cours de fon Procès, & que la veuve du Comte d'Aché vienne demander à *reprendre l'inftance criminelle pour la vindicte publique*, c'eft ce qui ne s'entend pas, c'eft ce qui ne fe conçoit pas, c'eft ce qui ne s'eft jamais vû.

Secondement, ce qui eft plus abfurde encore, c'eft que l'on faffe fignifier cette demande en reprife d'inftance au Comte de Lally & aux autres Parties accufées au Procès; c'eft qu'on les fomme de venir plaider fur cette demande en reprife d'inftance. Quoi! férieufement, c'eft au Comte de Lally, c'eft au fieur Alen, c'eft au Chevalier de Chaponnay, c'eft au Chevalier de Gadeville, c'eft au fieur de Poully, c'eft au fieur Rochette, c'eft au Frère Freinch, c'eft à l'Abbé Norognha, c'eft au noir Ramalinga, c'eft au Chirurgien Meagher, c'eft au Valet-de-Chambre Fofcier, c'eft au Cuifinier Defchaux, c'eft à Hurpy, c'eft à Jacquelot à éclairer, à guider le Parlement de Rouen? C'eft à eux à examiner, à difcuter, à débattre ce que le Miniftère public doit ou ne doit pas requérir, ce que le Parlement peut ou ne peut pas juger à l'égard du Comte d'Aché mort? Mais fi le Comte d'Aché mort doit encore être l'objet d'une pourfuite criminelle, l'oppofition du Comte de Lally & autres ne peut empêcher que cela foit; & s'il ne doit pas l'être, le confentement du Comte de Lally & autres, la demande de la Comteffe d'Aché, ne peuvent faire que cela foit. Mais de deux chofes l'une: ou le Comte d'Aché n'était pas accufé de délits pour lefquels on pût *faire le Procès à la mémoire* , & alors rien à juger , rien à débattre , rien à fignifier , rien à admettre concernant fa mémoire ; ou il l'était, & alors c'eft au Procureur-Général feul qu'il appartient de faire efter fa mémoire en jugement , de provoquer une inftruction contre fa mémoire, de requérir la nomination d'un Curateur à cette mémoire. Le Parlement de Rouen l'a jugé lui-même par fon Arrêt du 21 Décembre 1778. Le Procureur-Général l'a dit lui-même dans le Réquifitoire fur lequel cet Arrêt a été rendu : il a dit mot à mot qu'*il était feul compétent pour provoquer l'inftruction & le jugement ordonnés par l'Arrêt du Confeil* : il a dit mot à mot que *les accufés n'avaient & ne pouvaient avoir aucun titre, pour reprendre eux-mêmes la pourfuite de leur Procès.* Eh quoi ! le Suppliant fils du Comte de Lally , le Suppliant Demandeur & Auteur de la caffation qui a anéanti le premier Jugement du Comte de Lally, le Suppliant porteur de l'Arrêt du Confeil & des Lettres d'attache qui attribuaient au Parlement de Rouen le Procès du feu Comte de Lally , n'a pas été jugé compétent pour mettre en caufe la mémoire du feu Comte de Lally , pour reprendre l'inftance criminelle du feu Comte de Lally, on a annullé l'Arrêt qui lui avait donné ce droit ; & il ferait compétent pour contefter par fon oppofition, ou pour autorifer par fon confentement la reprife de l'inftance criminelle du feu Comte d'Aché ! & la Comteffe d'Aché, qui n'a rien été dans aucune Procédure , dans aucun Tribunal, ferait compétente pour mettre en caufe la mémoire de fon mari , pour *reprendre l'inftance criminelle, la pourfuite du Procès de fon mari* ! Ces contradictions font infoutenables, & l'Arrêt rendu par le Parlement de Rouen le 21 Décembre 1778, a encore détruit d'avance l'Arrêt rendu par le Parlement de Rouen le 15 Mars 1780.

Troifiémement, en admettant pour un inftant que cette demande en reprife d'inftance criminelle pour le Comte d'Aché, fût réguliérement formée, réguliérement fignifiée, réguliérement renvoyée à l'audience, alors quelle nouvelle inconféquence! Puifqu'on renvoie les Parties à plaider fur cette reprife d'inftance, elle fait donc encore queftion? Sa poffibilité & fon impoffibilité, fon admiffion ou fa profcription dépendent donc des principes qui feront établis, des moyens qui feront developpés, des plaidoiries qui feront faites? Si elle eft admife, il faudra fans doute un Curateur: mais fi elle ne l'eft pas, il n'en faudra point, & jufqu'à ce qu'elle le foit, il n'en faut point. Pourquoi donc commencer par nommer ce Curateur, avant d'avoir éclairci la queftion qui décidera feule fi l'on doit, & fi l'on peut en nommer un? N'eft-ce pas mettre la conféquence en fait, & révoquer le principe en doute? N'eft-ce pas dire : nous allons commencer par faire efter en jugement la mémoire du Comte d'Aché, & nous examinerons enfuite fi on peut l'y faire efter? Qu'a-t-il réfulté de ce bouleverfement? Il en a réfulté que l'Avocat qui a parlé pour la Comteffe d'Aché, a parlé en même temps pour le Curateur à la mémoire du feu Comte; c'eft-à-dire, qu'on a plaidé au nom du Curateur déja nommé, fur la queftion de favoir s'il y avait lieu à nommer ce Curateur.

Quatriémement, dans la vérité, la Requête préfentée au

nom de la Comteffe d'Aché , était inadmiffible fous tous
les afpects. Quant à la reprife d'inftance criminelle pour la
vindicte publique, tout Procès eft éteint par la mort du Comte
d'Aché. Il n'a jamais été accufé de haute trahifon , de Lèze-
Majefté. L'Avocat de fa Veuve a plaidé , il eft vrai , que *cette
accufation était écrite fur fa tombe* ; mais il faudrait qu'elle
le fût dans une plainte ; or l'ancienne plainte rendue au Parlement de Paris n'en dit pas un mot , & il n'y en a point eû
de nouvelle rendue au Parlement de Rouen. Quant à l'objet
particulier des mémoires du feu Comte de Lally , la Comteffe d'Aché eft encore non-recevable à en demander la radiation, par la même raifon que le fieur Duval l'eft à en demander la fuppreffion ; parce que , dans l'un & l'autre cas , c'eft
une action d'injures, une action de calomnie qu'on ne peut
plus intenter contre un homme mort qui ne peut plus fe
défendre , qui ne peut plus ni juftifier fes affertions ni combattre les dénégations. Et vainement prétendrait-on que la
Comteffe d'Aché eft , à cet égard , dans une pofition plus
favorable que le fieur Duval , parce que le feu Comte d'Aché
avait obtenu la même radiation par l'Arrêt de 1766 , & que
cet Arrêt n'ayant pas été caffé par fon fait , la caffation ne
doit point lui préjudicier. Le Suppliant répondrait que cette
radiation eft une nouvelle irrégularité , une nouvelle injuftice à ajouter à toutes celles dont fourmillait cet Arrêt de
1766. Pour que cette radiation eût pu être légalement ordonnée , il eût fallu qu'elle eût été demandée , défendue , jugée
contradictoirement. Or , non-feulement la Requête du feu
Comte d'Aché n'a point été fignifiée au feu Comte de Lally ,
mais elle a été préfentée le Lundi 5 Mai , & c'eft le Mardi
matin 6 Mai que le feu Comte de Lally a été condamné à

mort : on peut apprécier, d'après ce feul rapprochement , & la Requête , & l'Arrêt , & la validité de la radiation que l'une a demandée & que l'autre a accordée.

Cinquiémement enfin , dans tous les cas , la Requête de la Comteffe d'Aché n'était pas de nature à être portée à l'audience. On n'a pas même ici la trifte reffource de pouvoir équivoquer fur l'article de l'Ordonnance civile concernant les interventions ; la Comteffe d'Aché ne demandait pas à être reçue Partie intervenante. Dira-t-on que l'Arrêt du 15 Mars ne l'a pas renvoyée textuellement à l'audience ? Mais alors pourquoi l'y laiffer venir ? Pourquoi l'y laiffer plaider ? Pourquoi l'y laiffer conclure, même dans les incidents qui lui étaient abfolument étrangers ? Pourquoi faire droit fur ces Plaidoiries, fur ces Conclufions ? Que fignifie d'ailleurs ce double emploi, cette double apparition de *deux* perfonnes pour repréfenter *une* feule mémoire ? Plaidait-on pour favoir fi la mémoire du Comte d'Aché devait être mife en caufe par fa Veuve ? Alors, comme on l'a déja obfervé, que faifait là un Curateur dont les fonctions, dont la nomination , dont l'exiftence dépendaient de la queftion à débattre ? Plaidait-on au nom de la mémoire du Comte d'Aché déja mife en caufe par fa Veuve ? Mais alors que faifait là cette Veuve ? La feule qualité de Curateur à la mémoire donne le droit de repréfenter en Juftice un accufé défunt ; la qualité même de fils ne le donne pas. De quelque côté qu'on fe tourne, on ne rencontre qu'un chaos impoffible à débrouiller.

Au refte , le Suppliant eft loin de vouloir offenfer la Comteffe d'Aché. Obligé de combattre la procédure qu'elle a autorifée par fa fignature, il ne s'écartera jamais du refpect qu'il doit à fon fexe, à fon état & à fes vertus. Il ne lui impute même pas cette procédure. Il ne doute pas que de longues importunités ne lui aient arraché fon confentement, & peut-être s'en eft-elle déja repentie, peut-être s'en eft-elle déja expliquée. Il ne doute même pas que s'il avait l'honneur de la voir & de l'entretenir, il ne l'amenât à reconnaître la vérité qu'on lui a déguifée. Il lui ferait voir que dans les triftes débats excités autrefois entre le Comte d'Aché & le Comte de Lally, le premier a été l'aggreffeur, & le fecond l'offenfé; que les interrogatoires de l'un ont précédé les mémoires de l'autre, & que dans ces interrogatoires, le Comte d'Aché, mal confeillé fans doute, n'a pas affez fenti combien il était indigne de lui, pour excufer les fautes qu'on lui imputait, de répandre fur le Comte de Lally le foupçon de ces crimes atroces forgés par de vils calomniateurs, & auxquels le Comte d'Aché ne croyait pas lui-même. Il lui ferait voir qu'aujourd'hui l'on a fait jouer à la Veuve du Comte d'Aché un rôle non moins indigne d'elle, en lui faifant figner une Requête qui offre, non-feulement une conformité évidente, mais encore une identité parfaite avec celle du fieur Duval d'Efpréménil; en lui faifant dire, dès le début de cette Requête, ce qu'elle ne peut pas favoir, ce qu'elle ne veut fûrement pas affurer, & ce qu'elle a certainement figné fans le lire, que *les crimes dont le feu Comte de Lally a été accufé, ont été prouvés*. Il lui ferait voir que le Curateur à la mémoire du Comte d'Aché a rempli encore un perfonnage auffi peu fait pour lui, en fe traînant fervilement à la fuite du fieur Duval, en lui faifant cortège pendant toutes les audiences, lors même qu'il n'était pas encore en caufe; & depuis qu'il y a été, en faifant débiter

une

une plaidoirie, dans laquelle on a entendu le Défenſeur de la Comteſſe & du Baron d'Aché plaider pour l'intervention du ſieur Duval, payer le tribut d'une adulation perpétuelle au ſieur Duval, faire des vœux pour le ſuccès du ſieur Duval, avouer un commerce réciproque, une communication de travail & de pièces avec le ſieur Duval, & récapituler, au gré du ſieur Duval, toutes les calomnies imaginées contre le feu Comte de Lally. Enfin le *Suppliant* ferait voir à la Comteſſe d'Aché que, pour ſervir une haine étrangère, on a compromis la mémoire du Comte d'Aché en prétendant la défendre; qu'on l'a compromiſe par une inexactitude dans les faits, & par une témérité dans les aſſertions, qui peuvent à peine ſe concevoir; qu'on l'a compromiſe ſur-tout, & qu'on lui a imprimé un ridicule preſqu'ineffaçable par le galimathias ſublime dans lequel on s'eſt jetté, & par l'emphaſe extravagante que l'on a employée pour décrire des opérations dans leſquelles, ſans doute, cet Amiral avait porté de bonne foi le deſir & l'eſpoir des ſuccès, mais dans leſquelles il n'a éprouvé que des événemens déſaſtreux. C'eſt aſſez diſcuter la demande de la Comteſſe d'Aché; il eſt temps de reprendre le fil des Procédures ſur l'intervention.

On a dit que le 15 Mars précédent, jour qui avait terminé la Plaidoirie du Suppliant, l'Audience avait été renvoyée au 12 Avril. Elle ſe tint effectivement. Tout le monde a ſu les circonſtances qui l'ont précédée, accompagnée & ſuivie. On a ſu que d'après un accident arrivé au ſieur Premier Préſident pendant ſon ſéjour à Paris, elle devait être renvoyée, de concert entre le ſieur Duval & le Suppliant, qui tous deux devaient, par Avocats, l'un *demander*, & l'autre *conſentir* ce

Repriſe des Procédures ſur l'inter-vention.

K

renvoi ; qui tous deux avaient déclaré au sieur Premier Président qu'*ils régleraient leur départ sur le sien* ; qui tous deux avaient été instruits par le sieur Premier Président qu'*ils étaient d'accord*. On a su qu'au dernier instant, le sieur Duval, sans prévenir qui que ce soit, était parti, avait voyagé de nuit, était arrivé à Rouen pour l'heure précise de l'Audience, & n'avait point demandé de renvoi ; que le Procureur du Suppliant, autorisé littéralement pour faire consentir ce renvoi, n'avait pas cru l'être pour le faire demander ; que l'Audience avait eû lieu ; que l'on avait d'abord plaidé pour le sieur Alen ; qu'après les incidens très-ridicules que le sieur Duval était dans l'usage d'élever à chaque Plaidoirie, après les huées très-légitimes qu'il était en possession de recueillir à chaque incident, après la répétition très-inutile de l'Arrêt qu'il avait fait rendre pour empêcher les *rumeurs*, en menaçant de mettre en *prison* toute la ville de Rouen, un nouvel Orateur s'était présenté, qui avait plaidé pour la Comtesse & le Baron d'Aché, en l'absence du Suppliant, en l'absence du sieur Premier Président, en l'absence du sieur de Vaubadon, autre Juge, qui sur la foi des mêmes traités était resté à Paris pour vaquer à des affaires particulières ; qu'aussi-tôt il en avait été tiré la conséquence, que ces deux Magistrats ayant manqué une Audience, ne devaient plus être Juges. On a su que le Suppliant, instruit le lendemain de ce qui s'était passé à Rouen, en avait porté ses plaintes au Chef de la Justice ; que le sieur Premier Président, interrogé par ce Ministre, n'avait pu s'empêcher d'attester la vérité des faits ; que le Suppliant enfin avait réclamé à l'Audience du Mercredi contre cette perfidie ; qu'il avait conclu » à ce que la Cour se fît rendre compte par le sieur Premier » Président, à ce que les Plaidoiries du 12 Avril fussent décla-

,, rées nulles, comme non-avenues & recommencées, & à ce
,, que l'intégralité de ses Juges lui fût rendue ; protestant de nul-
,, lité de tout ce qui serait dit, fait ou statué, avant qu'il eût été
,, fait droit par Arrêt sur la présente demande ,,. Cette réclamation est entre les mains de tout le monde, & le Suppliant
ose encore dire que ses ennemis même ont dû être étonnés de
la modération qui y règne. Au reste, pour que les objets soient
plus présens, il la joint de nouveau à cette Requête (N°. 16).
On y verra qu'il y a exposé les faits sans se permettre même de
les caractériser, & qu'il a invité le sieur Duval, *au nom de
l'honneur*, à se joindre à lui pour supplier la Cour de lui accorder sa demande.

La réponse du sieur Duval à cette réclamation fut courte.
Il n'osa se livrer à aucun examen sur les faits. Il dit qu'*il
priait le Suppliant de lui laisser prendre soin de son honneur ;* &
en vérité le Suppliant n'a jamais songé à se charger d'un pareil
soin. Il dit que le Suppliant *le mettait dans un grand embarras ;*
& quand il ne l'eût pas dit, tout le monde l'eût vu. Il dit que *le
Suppliant mêlait le faux & le vrai avec un art particulier ;* mais
il n'osa désigner, ni rien de *vrai*, ni rien de *faux*. Il dit qu'*il
ne pouvait s'expliquer que si la Cour le lui ordonnait ;* qu'encore ne pourrait-il pas s'expliquer publiquement ; & la Cour
ne lui ordonna pas de s'expliquer ; & il savait bien que la
Cour ne le lui ordonnerait pas ; & il ne s'expliqua pas. Il dit
qu'*il ne voulait blesser personne ;* & par des réticences perfides,
par une récusation aussi téméraire dans le fond que scanda-
leuse dans la forme, par une injure aussi atroce qu'extravagante, il insulta le Chef du Tribunal devant lequel il plaidait ;
avec une licence dont il n'y avait pas encore eû d'exemple ; &

le Public s'indigna; & le Miniftère Public fe tut; & cette *indé-cence* fut encore rangée dans la claffe des *indécences placées.* Il dit que *le Curateur à la mémoire du Comte d'Aché venait de contraêter avec lui l'engagement de faire fignifier fon Plaidoyer au Suppliant, qui, par ce moyen, n'aurait rien perdu;* & par-là il prouva combien il avait à cœur d'écarter les deux Juges qu'il avait trompés; & par-là il prouva encore que ce Curateur à la mémoire du Comte d'Aché n'était autre chofe qu'un inftrument docile entre fes mains. Il dit, en montrant du doigt les Juges qui reftaient, qu'*il y en avait bien affez*; & il prétendit qu'on ne devait ni regretter ni rappeller ceux qui manquaient; & il le prouva par le propos d'un Grec nommé *Callicratidas*; & il ne dit pas qu'un autre Grec nommé *Plutarque*, en rapportant ce même propos, avait ajouté que *Callicratidas* avait dit une fottife. Enfin il déclara qu'*il s'oppofait à la demande du Suppliant*; par conféquent à ce que le fieur Premier Préfident fût entendu; par conféquent à ce que le feul moyen de vérifier les faits fût employé; par conféquent, dès ce moment, il fe foumit pour jamais à fubir toutes les conféquences réfultantes de ces faits. Quelque chofe qu'il dife aujourd'hui, il ne peut plus être cru. C'était à l'inftant où le Suppliant a réclamé; c'était à l'Audience, c'était à la face du Public, c'était avant le Jugement, c'était lorfque les faits pouvaient encore être vérifiés juridiquement, qu'il fallait répondre. Le filence qu'il a gardé alors était l'aveu le plus énergique qu'il pût faire. Tous fes difcours médités, combinés, publiés après coup, font & feront toujours irrévocablement ruinés par cet aveu.

Après une réplique très-briève du Suppliant, le fieur Avocat-Général proféra quelques mots contre lui, & finit

par dire qu'*il ne génerait pas la Cour par ses Conclusions;
qu'il s'en rapportait.*

Comme on était aux opinions depuis environ un quart
d'heure, le sieur Duval fit lever l'Avocat de la Comtesse
d'Aché, & lui fit tenir à-peu-près ce petit discours : "J'ai
,, plaidé pour la Comtesse d'Aché & pour le Curateur à la
,, mémoire du Comte d'Aché. Les débats particuliers qui
,, existent entre M. d'Espréménil & le sieur de Lally-Tolendal,
,, me sont très-indifférens. Je tiens ce qui est fait pour bien fait.
,, Je conclus à ce que le sieur de Tolendal soit déclaré non-
,, recevable, où en tous cas mal fondé ; à ce qu'il me soit donné
,, défaut contre les Parties défaillantes, & pour le profit, que
,, le présent Arrêt soit déclaré commun avec elles ,,.

Sur ces entrefaites, le sieur Avocat-Général se leva de nouveau. Il plaida cette fois fort abondamment contre la préten-
tion du Suppliant, qui n'a pas pu embrasser toute l'étendue de
son discours, mais qui a retenu très-exactement le méchanisme
des dernières phrases ainsi conçues : « Nous ne changerons
» cependant rien, Messieurs, à nos Conclusions. Nous avons
» résolu, une fois pour toutes, de nous en rapporter dans
» tous les incidens, parce que les Parties & les Auditeurs sont
» à l'affut, pour induire de nos Conclusions sur ces incidens,
» une propension sur le fond, qui est aussi loin, Messieurs,
» de notre cœur que du vôtre ; mais enfin nous sommes
» hommes, vous êtes hommes, ils sont hommes, c'est pour-
» quoi nous nous en rapportons ». Le Suppliant ne se trompe
certainement pas de quatre mots dans le compte qu'il rend de
ces Conclusions.

La première crainte qu'il éprouva en les entendant, fut de n'avoir point d'Arrêt sur sa réclamation, & il faisait un raisonnement qui paraît assez juste. Il disait : Le Ministère Public & la Cour doivent avoir également à cœur de ne pas donner à *induire de propension sur le fond* ; si ce motif oblige l'un à *ne pas conclure sur les incidens*, il doit aussi obliger l'autre à *ne pas juger ces incidens*.

Le Suppliant faisait encore un autre raisonnement ; il disait : Si le Ministère Public, pour ne pas donner à *induire de propension*, ne veut pas *conclure* contre moi, il me semble que, par la même raison, il ne devrait pas *plaider* contre moi. Sans doute on ne doit induire aucune *propension*, ni des *conclusions*, ni des *plaidoiries* du Ministère Public. Mais si l'on pouvait en *induire* une de ses *conclusions*, pourquoi ne pourrait-on pas aussi *l'induire* de ses *plaidoiries* ? &c.

Au milieu de toutes ces réflexions, le Suppliant ne pouvait s'empêcher de se livrer à l'espoir sur le succès de sa réclamation. Le procédé dont il avait été victime était si odieux ! son récit était si exact ! sa plainte était si modérée ! le silence de son Adversaire était si éloquent ? Il ne s'arrêtait pas, & il venait de le dire dans sa réplique, aux subtilités de chicane, de formes. Il pensait que la vérité est une, que la Justice est une. Il disait : Quand même il y aurait quelque chose d'inexact dans mes Conclusions ; quand même, sans déclarer nul ce qui s'est passé à la dernière Audience, on devrait seulement faire recommencer les Plaidoiries, & me restituer tous mes Juges, la Loi qui veille pour moi, peut & doit réformer, suppléer mes Conclusions. Enfin mes faits sont vrais, ma demande est jufte, & je ne ferai pas à la légiflation de mon pays l'injure de penfer qu'il eft des cas, où fes formes ne peuvent fe concilier ni avec la vérité ni avec la Juftice.

L'efpoir du Suppliant était encore entretenu par un fait qui venait de fe paffer fous fes yeux, au commencement même de l'Audience. Un de Meffieurs ne s'étant pas rendu à l'heure, la Cour avait fiégé en filence, & le Préfident de la féance l'avait attendu pour faire appeller la caufe ; il l'avait même envoyé chercher chez lui. Le Suppliant fe difait encore à lui-même : Voilà une bonté de M. le Préfident, pour me conferver un Juge que j'allais perdre. Le même fentiment me fera fûrement reftituer ceux que j'ai perdus par une perfidie. Sans doute il n'y a pas un choix marqué , il n'y a pas un calcul fait, il n'y a pas une combinaifon formée, pour écarter les uns, & pour conferver les autres.

Le Suppliant fe flattait vainement. Arrêt intervint (N°. 17), qui le déclara *non-recevable, & mal fondé dans fa réclamation.* Ce prononcé était vicieux dans tous les cas. Dès-lors qu'on ne s'était pas occupé de vérifier les faits, qu'on n'avait point mandé le fieur Premier Préfident pour s'en faire rendre compte, qu'on n'avait pas même ordonné au fieur Duval de s'expliquer foit en public foit en fecret, on ne pouvait pas prononcer le *mal fondé*, qui ne doit, & qui ne peut porter que fur le fond. On a répandu depuis, qu'il y avait eu un avis pour *faire injonction au Suppliant d'être plus circonfpect, & pour déclarer fa réclamation indecente & injurieufe pour la Cour.* Le Suppliant avait dit à *la Cour* dans cette *réclamation* * : « Une réflexion » confolante eft venue tout-à-coup porter le calme dans mon

» cœur , & a fufpendu tous les partis extrêmes que je méditais;
» J'ai fongé que mes Juges n'étaient pas inftruits des faits ;
» qu'ils ne pouvaient pas l'être; que s'ils l'eûffent été, ils eûffent
» certainement prévenu la lézion qui en a réfulté pour moi,
» & que dès qu'ils le feraient, ils s'empreffderaient de la réparer.
» Enfin j'ai tourné de loin mes yeux vers ce temple de la Juf-
» tice , & la paix a rentré dans mon ame , & la confiance a
» pris la place du défefpoir ».

Auffi-tôt après avoir entendu l'Arrêt, le Suppliant fortit de
l'Audience, bien réfolu de n'y plus reparaître , & il n'y a plus
reparu. Le fieur Duval a dit qu'il lui avait fait quitter le champ
de bataille; il s'en eft vanté. S'en vanter n'était pas prudent ;
le dire était vrai. Le Suppliant l'a dit lui-même; il a inftruit tout
le Public de fa retraite; il l'a annoncé, par une lettre particulière, à tout ce que la Nation a de plus refpectable; il a écrit
qu'il venait chercher, aux pieds du trône, la juftice qu'il avait
inutilement cherchée ailleurs.

Dès le mois de Septembre 1779 ; on lui avait confeillé de
ne pas feulement comparaître fur l'affignation du fieur Duval;
de protefter de nullité contre une action vuide de fens , & à laquelle il n'avait pas même de qualité pour défendre ; de protefter de nullité contre l'Arrêt même qui avait accueilli cette
action, & qui l'avait renvoyée à l'Audience. Il avait refufé de
fuivre ce confeil. Il s'était déterminé à comparaître, d'une
part, pour témoigner fa refpectueufe foumiffion aux décrets de
fes Juges , & de l'autre, dans l'efpoir de publier des détails précieux pour la mémoire de fon père. Mais comme on dédaignait
l'hommage de fon refpect , & comme il compromettait la
juftice

juftice due à cette mémoire ; comme en matière criminelle il n'eft point de fins de non-recevoir contre un accufé ; comme cet accufé ne peut fe nuire à lui-même & renoncer au bénéfice de la Loi ; comme le Suppliant d'ailleurs n'était pas perfonnellement en Juftice ; comme il n'y était qu'en qualité de Curateur ; comme en fa qualité de Curateur, il eft frappé d'une inaliénabilité abfolue, & dans une impoffibilité légale de préjudicier à la mémoire qui eft, pour ainfi dire, fon pupille ; comme enfin les événemens étranges qui venaient de fe fuccéder avec tant de rapidité, fuffifaient feuls pour autorifer, pour juftifier, pour néceffiter fa réfolution, le Suppliant fe rendit enfin à ce confeil qu'on lui avait donné dès l'origine, & qu'il eût peut-être dû fuivre dès-lors. Il *fit une proteftation de nullité abfolue de toute la Procédure relative à l'intervention, pour raifons à déduire en tems & lieu, qui l'avaient forcé à fe retirer des Audiences* (N°. 18). Il fit fignifier cette proteftation au fieur Duval, il la fit dénoncer au fieur Procureur-Général, & il attendit l'Arrêt.

Les événemens qui ont fuivi la retraite du Suppliant, ont couronné dignement ceux qui l'avaient néceffitée.

Le fieur Duval a fait ce que perfonne ne croyait poffible, & ce qui ne l'était que pour lui : il a encore trouvé moyen d'enchérir fur fon premier Plaidoyer, pour le mépris de toute décence, de toute honnêteté, de toute autorité, de toute loi fociale. Non-feulement il s'eft déchaîné fur tout le fond du Procès ; non-feulement il a débité une fuite de calomnies forgées, méditées, combinées à loifir, dont il connaiffait toute la fauffeté, & qui ne pouvaient pas même fervir à fa caufe ; non-feulement à l'appui de ces prétendus moyens qu'il n'avait pas pofés dans fa Requête d'intervention, il a cité de prétendues Pièces Juftificatives qu'il n'avait pas jointes à cette Requête, ce qui eft une contravention formelle à l'article 28 du titre 11 de l'Ordonnance de 1667; mais croyant que l'expofé de fes faits n'offrirait pas encore un réfultat affez horrible, croyant que ce n'était pas encore affez d'outrager le père, il a été compiler & il eft venu vomir contre un homme mort & contre un homme abfent, un ramas de ces injures groffières, que la feule bienféance réprouverait au défaut de l'honnêteté. Tout ce qu'il n'a pas cru dévoué à fes fureurs, a eu part à fes outrages. On affure qu'il n'ofera jamais imprimer fon Plaidoyer tel qu'il l'a prononcé; qu'il n'y laiffera, ni cette foule d'injures révoltantes, ni cette foule de maximes féditieufes qui les ont accompagnées. Mais les unes & les autres ont été entendues; * plufieurs font confignées dans la réplique qui a été faite pour le fieur de Poully *, & l'on peut déformais les fupprimer, mais non les nier.

Plus que jamais il a joint le ridicule avec la cruauté. On l'a entendu défier, apoftropher, interpeller le Suppliant, comme s'il eût été préfent. *Répondez, répondez*, difait-il, en fe tournant vers la place vuide du Suppliant; & une minute après, *Il ne répond pas, Meffieurs. — Eh mais! Il n'y eft pas*, criait le public. — *S'il n'eft pas là, il eft autre part*, répondait le fieur Duval; *peut-être fur l'efcalier*, ajoutait-il en baiffant un peu la voix; & tout fier d'une repartie fi ingénieufe & fur-tout fi noble, il continuait intrépidement à tirer des inductions du filence d'un homme qui était à trente lieues de l'endroit où on l'interrogeait; & ainfi dégénérait en farce & en pafquinade l'affaire la plus férieufe & la plus lugubre.

On l'avait vû précédemment dans le Temple de la Justice, pendant l'intervalle des Audiences ou pendant les Délibérés, sauter hors de sa place, courir, voltiger de toutes parts, s'asseoir sur le banc de ses Juges, afficher hautement le rire & la plaisanterie, & le Suppliant navré, révolté enfin de la légèreté avec laquelle on insultait à son malheur, n'avait pû s'empêcher de lui en faire le reproche public *. On l'avait vû, le jour même d'une Audience, abdiquer l'extérieur de Magistrat, aller s'établir en habit de couleur dans le foyer du spectacle de Rouen, s'exhaler en déclamations contre les Comtes de Lally père & fils, & s'attirer enfin de la part d'un Officier indigné une remontrance telle qu'il la méritait. On a vû plus dans les derniers temps : on l'a vû, dans un bal, se livrer aux danses & aux boufonneries ; reprendre le lendemain son deuil & ses échasses, son masque de douleur & son rôle d'Héroïsme ; venir psalmodier de nouveau ses lamentations sur son oncle, sur les Loix, sur la Patrie ; s'annoncer comme la lumière de la Magistrature, comme la colonne de l'Etat, comme le soutien du Trône, comme le censeur des Puissances, comme l'oracle du monde entier ; féliciter la France qui le possede, l'Asie qui l'a vû naître, jusqu'aux Nègres de Pondichéry qui *l'ont porté dans leurs bras* ; ne s'envisager lui-même, ne prononcer son propre nom qu'avec un respect religieux ; articuler pour fondement d'un principe, MONSIEUR *d'Espréménil le pense*, & pour preuve d'un fait, MONSIEUR *d'Espréménil le dit.*

On l'a vu étendre cette idolatrie de soi-même & son despotisme insensé, jusqu'à prétendre enchaîner la liberté d'un Ministère aussi indépendant que sublime ; jusqu'à profiter de l'ascendant de sa place, jusqu'à invoquer sa confraternité avec les

> * *Voyez* pag. 36 de mon Plaidoyer.

Juges , pour fufciter une perfécution inouïe contre un Avocat dont le nom mérite d'être confacré à jamais dans les faftes de la Juftice , contre Me Ducastel , Défenfeur des fieurs Alen & de Poully , coupable d'avoir ofé foutenir la vérité contre Monsieur d'Efpréménil , d'avoir ofé par fon éloquence , par fon raifonnement , par fon courage , écrafer la rhétorique , les fophifmes & les forfanteries de Monsieur d'Efpréménil.

On a entendu cet Avocat réclamer vainement , au nom du fieur Alen , l'exécution de l'Ordonnance , demander vainement , de la part du fieur Duval , une plaidoirie , & de la part du Tribunal , un jugement préalable fur fes fins de non-recevoir : on a vu fortir un Arrêt qui a déclaré le fieur Alen non-recevable à invoquer l'Ordonnance (N°. 19) , qui l'a forcé de fe retirer des Audiences , ainfi que le Comte de Lally , & de venir ainfi que lui implorer la juftice du Souverain.

On a vu cet Avocat , victime de fes travaux , victime du zèle & de la fenfibilité qu'il met à défendre fes clients , être affailli d'une fièvre violente , être réduit à l'impoffibilité de fe traîner au Palais , & l'on a vu fortir un Arrêt qui a ordonné que les caufes de Me Ducaftel feraient plaidées par tout autre Défenfeur ; & le fieur Duval a plaidé conftamment en l'abfence de cet Avocat , qui cependant était encore en caufe pour le fieur de Poully.

On a vu le fieur Duval choifir cet inftant pour menacer Me Ducaftel d'un procès perfonnel , s'il ne voulait pas défavouer plufieurs endroits de fon plaidoyer. On a vu Me Ducaftel répondre avec fermeté , qu'il ne défavouait rien , & qu'il attendait

le procès sans le desirer ni le craindre. On a vu alors le Magistrat reculer devant celui qu'il venait de menacer, ne plus
parler de procès ; mais plein de jactance jusques dans sa fuite,
on l'a entendu dire, en terminant sa plaidoirie, qu'*il pardonnait à M*ᵉ *Ducastel* ; & vindicatif jusques dans son pardon,
on l'a entendu, au même moment, *dénoncer à Messieurs les
Gens du Roi* celui à qui il *pardonnait*. On a entendu l'Avocat,
aussi réellement grand que son persécuteur avait été ridicule-
ment orgueilleux, rejetter avec dédain ce pardon insultant ;
on l'a entendu répéter qu'il ne désavouait rien, plaider avec
une nouvelle sublimité la cause de son client (N°. 20), pour
laquelle seule il avait pu se traîner au Palais, & on l'a vu suc-
comber au milieu de sa plaidoirie sous les efforts de son courage, & sous le poids de la maladie pour laquelle on n'avait
pas daigné avoir le moindre égard.

On a vu le sieur Duval choisir encore cet instant pour re-
nouveller la scène de son *pardon* & de sa *dénonciation*. On l'a
entendu, au même instant, dans la même phrase, dire : *Je
pardonne à M*ᵉ *Ducastel*, & ajouter : *sauf à m'en référer à la
sévérité de la Cour & du Ministère public, pour l'honneur de mon
état & la discipline du barreau.*

On a vu enfin les animosités particulières croître contre cet
Avocat, en même temps que l'admiration publique croissait
pour lui, & les choses être portées au point que le Collége des
Avocats s'est assemblé, & qu'il a fait une députation au sieur
Avocat-Général de Grécourt, pour lui signifier que s'il dé-
nonçait Mᵉ Ducastel, tout le Collége prendrait fait & cause,
& qu'un de ses membres était chargé de se trouver à l'Audience
pour réclamer.

On a vu le fieur Duval, après la clôture des plaidoiries, après l'Arrêt qui avait renvoyé la caufe pour les Gens du Roi feulement, par conféquent dans un inftant où toute plaidoirie toute demande, toute fignification de mémoires doivent être interdites aux Parties, oublier toutes les règles au point de faire fignifier un mémoire dans lequel il difait & citait ce qu'il n'avait pas encore dit & cité, & contre lequel le fieur de Poully feul refté en caufe, a fait une proteftation auffi infructueufe que péremptoire, & fondée fur le texte littéral de l'Ordonnance (N°. 21).

On a entendu enfin les plaidoiries & les conclufions du fieur Avocat-Général de Grécourt. Le Suppliant ne fe permettra, fur cet objet, aucune difcuffion, aucune réflexion. Il eft un feul fait qu'il ne peut fe difpenfer de relever, & il ne le relevera que pour en montrer la fauffeté, & en le relevant il vengera l'honneur de ce Magiftrat, plus compromis encore que le fien, par ce fait & par les conféquences qu'il aurait, s'il était réel.

On a répandu de toute part, que le fieur Avocat-Général de Grécourt, après avoir manifefté fa *ftupéfaction* fur les fins de non-recevoir du Suppliant, l'avait infulté perfonnellement, l'avait dénoncé à fon Régiment, à tous les Militaires, comme coupable de lâcheté, & comme ayant manqué au point d'honneur, d'abord en oppofant au fieur Duval une fin de non-recevoir, & enfuite en fe retirant des Audiences. Cette injure prétendue a volé de bouche en bouche. Une foule de lettres l'a annoncée par-tout, & le Suppliant en a reçu plufieurs qu'il eft en état de produire. Une fermentation géné-

rale en a réfulté ; tout le Public s'eft indigné ; tout le Militaire a crié vengeance.

Le Suppliant ne veut pas, il ne doit pas fouffrir que
fon nom, fa perfonne, fa caufe fervent de prétexte à une
calomnie grave contre un Magiftrat refpeétable, dont l'opinion, fans doute, peut quelquefois être erronée, mais
dont, fans doute auffi, les intentions font toujours pures ;
le langage toujours digne, & le caraétère toujours facré.
Il déclare & il doit déclarer que le fait eft faux, qu'il n'a
pas pu être, qu'il n'a pas été, & la preuve qu'il n'a pas
été, le Suppliant ofe le dire, c'eft qu'il n'y a pas eu de réclamation de fa part.

En effet, fi cette calomnie eût été une réalité, fi la prétendue infulte eût eu lieu, le Suppliant eût couru fe jeter
aux genoux de fon Roi. Il eût ofé, tout-à-la-fois, lui peindre
fa défolation & lui porter fes juftes plaintes; & avec tout
le refpeét d'un fujet foumis, mais avec toute la confiance
d'un Militaire irréprochable, il eût ofé demander à Sa
Majefté, fi ceux qui, dans fes Cours, ont l'honneur de
porter la parole en fon nom, y font conftitués pour opiner
froidement fur les droits de fes fujets, ou pour les attaquer
effrénément dans leur honneur ; fi leur miniftère eft un miniftère de proteétion pour les faibles, de confolation pour
les malheureux, de juftice & d'impartialité pour tous, ou
fi c'eft un miniftère d'oppreffion, de cruauté, d'injuftice
& de paffion. Eh quoi ! le Suppliant, dans un état qui a été
celui de tous fes ancêtres, dans un état dont le courage
eft l'effence, dans un état où le feul reproche, où l'ombre

feule , où le feul foupçon de lâcheté porte avec foi un ana-
thème irrévocable , fe ferait vu impunément dénoncé à tous
les Militaires , à fes camarades , à fes chefs , comme un lâche !
& cela , parce que dans un Procès qu'on veut rendre inter-
minable, il a oppofé une fin de non-recevoir qui eft une
voie de droit ! dans un Procès où il n'eft pas lui-même perfonnellement ! dans un Procès où fon miniftère eft forcé,
où il n'a pas le choix de fa conduite, où il ne peut difpofer
de rien ! Si ce Procès lui eût été perfonnel ; fi après avoir
forcé un citoyen honnête, refpectable , à devenir fon accufateur ; fi après avoir employé vainement & la rufe & la
vexation pour enchaîner la voix de cet accufateur, & pour
lui fermer le Temple de la Juftice ; fi chargé enfin par cet
accufateur de délits auffi graves qu'apparents, le Suppliant
eût oppofé pour toute défenfe une fin de non-recevoir ; fi
après avoir conclu à ce que ces imputations fuffent déclarées
calomnieufes, il fe fût défifté de fes demandes ; s'il eût mendié
les regards de la pitié , après avoir promené ceux de l'in-
folence ; s'il eût tranfigé avec fon accufateur, & acheté
fous main fon filence au lieu de confondre publiquement
fes difcours, alors il eût mérité le reproche de lâcheté,
alors il eût été défavoué , rejetté par fon Corps, alors il
eût mérité de l'être ; & cependant ce n'eût pas été encore
au fieur de Grécourt à le lui reprocher, par la raifon que
tout le monde fait , par la raifon que l'homme de la Loi
ne doit connaître que les moyens de droit. De quel œil
faudrait-il donc regarder cette infulte , aujourd'hui qu'elle
ferait non-feulement illicite, non-feulement gratuite, mais
même calomnieufe ; & comment a-t-on pu imaginer , com-

ment

ment a-t-on pu croire un seul instant, qu'un Magistrat aussi instruit de ses devoirs, eût pu se la permettre ?

Et par quelle action de sa vie le Suppliant aurait-il donc pu encourir le soupçon de lâcheté ?

S'il eût été capable de lâcheté, aurait-il même été dans le cas d'essuyer l'injure qu'on prétend lui avoir été faite ? aurait-il à supporter le Procès qui la lui a, dit-on, attirée ? croit-on qu'il n'a eu rien à braver pour entreprendre ce Procès, rien à vaincre pour le conduire au point où il l'a amené ? il a sacrifié sa jeunesse, son repos, sa fortune pour la justification de son père ; il ne prétend point, il n'a jamais prétendu à aucun éloge, il n'a fait que son devoir : mais du moins, en le faisant, croit-il pouvoir prétendre à se voir à l'abri d'un outrage aussi sanglant.

Le sieur de Grécourt aurait-il apperçu un lâche dans le Plaidoyer du Suppliant ? ce Plaidoyer, sans doute, n'a pas tout bravé ; il a respecté les Loix, l'autorité, l'honnêteté publique : mais la modération exclut-elle le courage ? mais n'est-il qu'une seule espèce de courage, & qu'une seule manière de le manifester ? mais le Suppliant était-il condamné à adopter l'espèce & la manière de son Adversaire ? & pour paraître brave, fallait-il qu'il s'écriât à chaque instant, comme le sieur Duval : *Je n'ai pas peur, moi, car je crie bien fort, & je dis bien des injures ?*

Le Suppliant s'est retiré ! oui, sans doute. Mais sa retraite a-t-elle été celle d'un lâche ? la réclamation qu'il a pro-

M.

noncée avant de s'y déterminer , était-elle l'ouvrage d'un lâche ? la publication qu'il a faite de cette réclamation , l'engagement qu'il a contracté , dans une note *, de con-fondre les calomnies du sieur Duval , ses protestations contre toute la Procédure , sont-ce-là autant d'actes de lâcheté ?

Enfin le Suppliant parlait-il en lâche , lorsqu'il sortait de sa qualité de Curateur, dans laquelle il eût pu rester enveloppé , pour s'offrir personnellement à l'attaque du sieur Duval, lors-qu'il lui disait : *Je vous réponds de ce que j'ai dit en mon propre & privé nom ?*

Et le sieur de Grécourt, après avoir vu si long-tems dans les fins de non-recevoir un moyen de droit juste, plausible, hon-nête, aurait vu tout-à-coup dans les fins de non-recevoir du Suppliant, une lâcheté ! aurait voulu le dévouer publiquement à l'infamie, lui faire perdre son état , provoquer contre lui le mépris & l'indignation de tous les Militaires, le frapper d'une proscription universelle & ineffaçable, le forcer enfin malgré lui à une prise-à-partie la plus juste qui eût jamais été demandée ! . . . Non, l'idée seule ne peut plus même en être supportée. Elle a pu naître dans ces instans où la singularité des événemens qui s'étaient succédés, où le choc des opinions qui se contrariaient, entretenait les esprits dans un état de fer-mentation continuelle. Quelques mots mal saisis, mal retenus , auront été plus mal cousus encore. D'une part, le zèle de l'a-mitié, prompte à s'alarmer de tout ; de l'autre, l'ardeur de la haîne, habile à s'armer de tout, auront concouru , par des mo-tifs bien différens , à donner de la consistance à la même chi-mère. Mais il n'est pas possible qu'elle ait tenu devant un seul inftant de réflexion. Amis & ennemis doivent également l'avoir abandonnée aujourd'hui , & le Suppliant fe reproche même d'en avoir trop dit. Non, il n'avait pas befoin de fe défendre d'avoir reçu une pareille injure, il n'avait pas befoin de défendre un Magiftrat de la lui avoir faite. Elle portait fon improbabilité avec elle. Et celui qu'on accufe d'en être l'auteur, & celui qu'on dit en avoir été l'objet, le caractère de l'un, la conduite de l'autre , fuffifent pour fixer irrévocablement les opinions à cet égard. Ceux qui connaiffent le fieur Avocat-Général de Grécourt, favent s'il a jamais été capable de fe porter à de tels excès. Ceux qui ont fuivi le Suppliant, favent s'il a jamais pu mériter un pareil outrage, & s'il eût jamais pu l'endurer patiemment.

Enfin le 12 Mai, conformément aux Conclufions du fieur Avocat-Général, a été rendu l'Arrêt qui fuit : « La Cour, la „ Grand'Chambre affemblée, parties ouies & le Procureur- „ Général du Roi, faifant droit fur le délibéré , a reçu & re- „ çoit ledit Duval d'Efpréménil Partie intervenante dans l'Inf- „ tance pendante en la Cour, entre le Procureur-Général du „ Roi, Trophime-Gérard de Lally-Tolendal, nommé Cura- „ teur à la mémoire du feu Comte de Lally, & autres Parties; „ a accordé acte audit Duval d'Efpréménil des déclarations „ par lui paffées dans fes Conclufions, & pour être fait droit „ fur fon intervention, l'a jointe, ainfi que la reprife de la „ veuve du Comte d'Aché & les Conclufions prifes par fa „ Requête du 15 Mars dernier, au Procès principal diftribué „ au rapport du fieur Mouchard, pour être fait droit fur le „ tout ainfi qu'il appartiendra; tous dépens, dommages & „ intérêts réfervés en définitif; a donné défaut contre les

Arrêt définitif.

M ij

„ Parties défaillantes, & pour le profit a déclaré le préfent
„ Arrêt commun avec elles ».

On a encore fu tous les détails du Délibéré qui a précédé cet Arrêt. On a fu que le fieur de Folleville , Confeiller d'honneur , & vieilli glorieufement dans les fonctions du Miniftère Public , que le fieur de Bellegarde , que le fieur de Combon , que le fieur Mouchard , Rapporteur du fond de l'affaire , que le fieur de Betteville , que le fieur Abbé de Rualem , que le fieur Abbé de la Cauviniere , que le fieur Préfident de Sommefnil , s'étaient oppofés fortement à l'Arrêt ; qu'ils avaient difcuté les principes avec autant d'éloquence que de fermeté ; qu'ils s'etaient élevés contre l'abfurdité d'admettre un Intervenant dans un Procès - Criminel, pour intenter une demande en réparation d'injures contre un homme mort ; qu'ils avaient invoqué l'Ordonnance ; qu'ils avaient objecté l'Arrêt du 21 Décembre 1778 , par lequel le Parlement s'était enchaîné lui - même. Le Public , témoin de la manœuvre employée pour écarter plufieurs Juges , a gémi de leur abfence. Des Magiftrats à qui leur fanté ou leurs affaires n'avaient pas permis de fuivre la caufe ; d'autres qui ont été les oracles de la Province , & que l'affiduité de leurs longs travaux a condamnés à une retraite abfolue, n'ont pas été maîtres d'eux-mêmes, & malgré leur extrême prudence , n'ont pu s'empêcher de témoigner à la lecture de l'Arrêt une furprife plus éloquente que toutes les plaidoiries. Le Suppliant avoue que non - feulement la réunion de ces Magiftrats refpectables a été pour lui une confolation , mais qu'il a préféré la perte de fon Procès contre leur opinion , au gain de ce même Procès dénué de leurs fuffrages.

Et fi on l'accufait de diftribuer les réputations au gré de fa paffion & de fon intérêt, il attefterait la Normandie entiere. Qu'on interroge tous fes habitans, & ils diront s'ils fouhaiteraient jamais avoir d'autres Juges que ceux qui fe font déclarés pour la caufe du Suppliant, s'ils en ont eu jamais qui fûffent plus recommandables par leurs lumières, par leur religion & par leur impartialité ; qui fûffent plus inacceffibles aux follicitations, à l'intrigue, à la cabale ; qui fûffent en un mot plus dignes du Miniftère facré qu'ils exercent.

On a fu que les feize du parti contraire avaient pofé pour premier principe, que d'après la lettre de l'Arrêt de caffation qui renvoyait au Parlement de Rouen le Procès pour y être jugé, circonftances & dépendances, le feu Comte de Lally, quoique *phyfiquement mort*, était *légalement vivant* ; & que, par conféquent, on pouvait admettre contre lui toutes fortes d'actions.

On a fu que les feize avaient pofé pour fecond principe; qu'en renvoyant à l'Audience fur la Requête du fieur Duval, l'on avait, par cela feul, reconnu l'admiffibilité de l'intervention, & que la Cour n'ayant pas débouté le fieur d'Efpréménil le jour même où il avait préfenté fa Requête, c'eft-à-dire le 11 Août 1779, elle ne pouvait plus le débouter aujourd'hui.

On a fu que l'Arrêt paffé, un des Préfidens avait encore élevé la voix, pour dénoncer, & les plaidoyers des fieurs Alen & de Poully, & la réclamation imprimée, & la proteftation fignifiée du Suppliant; & qu'il n'avait rien moins fallu que la longueur fatigante du délibéré, pour faire tomber cette dénonciation, qui, intolérable dans la bouche du sieur Avocat-Général, était de plus irrégulière dans celle de tout autre.

Le Suppliant ne se dissimule pas qu'il peut paraître étonnant que tous ces détails soient à la connaissance du Public, & que lui personnellement en fasse usage. Mais, d'un côté, s'il est rare que le voile qui couvre les Jugemens & leurs délibérations reste toujours baissé, il n'est peut-être pas d'affaire où il ait été plus promptement & plus pleinement levé que dans celle-ci. D'un autre côté, outre l'importance extrême de la cause, qui autorise sans doute le Suppliant à profiter de tout ce qu'il sait, le sieur Duval lui a donné l'exemple de ne pas hésiter sur ce point. Il a plaidé perpétuellement, comme étant initié dans les mystères les plus secrets de la procédure de 1766. Il est même un endroit de son premier plaidoyer * ; où, en rendant compte du détail des opinions, il a dit au Suppliant : *Je vous l'apprends.* Le Suppliant ne doute pas que le sieur Duval ne pût encore lui *apprendre* beaucoup de choses sur le Jugement qui vient d'être rendu ; il serait même possible qu'en remontant jusqu'à la source, il lui dût les connaissances qu'il a : mais dans tous les cas, d'après l'exemple de ce Magistrat, il se croit & se croira toujours très-autorisé à profiter de toutes les notions qu'il a ou qu'il aura. Ce qui est licite pour l'un, ne peut pas ne pas l'être pour l'autre.

Quant à l'Arrêt en lui-même, abstraction faite des circonstances accessoires, le Suppliant, sur le fond du Jugement & sur la question de l'intervention, s'en réfère à son

* Page 11.

plaidoyer, & à ceux qui ont paru dans l'affaire : autant il est de Loix & d'Ordonnances citées dans ces plaidoyers, autant il en est d'enfreintes par l'Arrêt. Sur la forme & sur le libelle de cet Arrêt, le Suppliant présentera quatre observations assez importantes.

1°. Il débute par ces mots, *Parties ouies*, & cette énonciation est fausse. Il y a deux chefs dans l'Arrêt ; l'un concernant la demande en intervention du sieur Duval, l'autre concernant la demande en reprise d'Instance de la Comtesse d'Aché. Quant au premier chef, quoique le Suppliant eût été privé de l'avantage d'une réplique, cependant, comme il avait plaidé, comme il avait pris des conclusions, on pouvait, à toute rigueur, dire *Parties ouies*. Mais quant au second, le Suppliant n'avait pas ouvert la bouche ; il n'avait pas dit un mot, ni par lui, ni par Avocat, ni même par son Procureur ; il n'avait seulement pas pris de conclusions sur la Requête & sur le plaidoyer des Sieur & Dame d'Aché. On ne pouvait donc, dans le système adopté de renvoyer à l'Audience, prononcer que par défaut à l'égard des Sieur & Dame d'Aché, & par un défaut énoncé nominativement contre le Suppliant.

2°. L'Arrêt reçoit le sieur Duval, Partie intervenante : il juge donc les moyens de l'intervention. Mais le Suppliant n'a opposé qu'une exception, qu'une fin de non-recevoir péremptoire ; il n'a pas dit un mot, un seul mot sur les moyens d'intervention. Or, d'après ce genre de défense, & d'après l'Ordonnance qui veut qu'on juge *préalablement* les fins de non-recevoir, l'Arrêt ne pouvait tout au plus que débouter des fins de non-recevoir, & ordonner que le Suppliant défendrait à toutes fins. On a donc jugé le Suppliant sans l'avoir entendu ; & même, sous cet aspect, l'énonciation de *Parties ouies* est fausse à l'égard de l'intervention du sieur Duval, comme à l'égard de la reprise d'Instance de la Comtesse d'Aché.

3°. La clause de l'Arrêt qui réserve les dépens, est contradictoire avec celle qui reçoit le sieur Duval Partie intervenante. Le Suppliant a soutenu le sieur Duval non-recevable ; il succombe sur cette fin de non-recevoir ; il a donc eu tort de l'opposer, de la soutenir ; il doit donc supporter les dépens d'une fin de non-recevoir injuste & vexatoire.

4°. L'Arrêt ne prononce pas sur la demande que le Suppliant avait faite de la suppression du Plaidoyer du sieur Duval ; il ne l'accorde pas ; il ne la refuse pas ; il ne la réserve même pas ; il n'a pas jugé à cet égard ; & de ce silence rapproché des autres détails dont on a rendu compte, résulte un contraste assez singulier : on s'est occupé à la Chambre de mulcter d'office les Plaidoyers du Suppliant & Consors, sans demande de la part du sieur Duval , sans provocation de la part du Ministère Public ; & l'on n'a pas même songé à faire droit d'une manière quelconque, sur la demande formelle portée dans les conclusions du Suppliant contre le plaidoyer du sieur Duval. On voulait étendre, on voulait suppléer les conclusions d'une partie, & l'on oubliait, & l'on ne regardait même pas celle de l'autre.

L E

Le Suppliant a rempli la tâche qu'il s'était impofée. Il a M O Y E N S. offert le détail exact de tout ce qui s'eft fait au Parlement de Rouen, depuis que le Procès y a été renvoyé : en l'offrant, il l'a apprécié ; & ce qu'il lui refte à préfenter, eft moins une expofition qu'une récapitulation de fes moyens.

Avant de paffer à cette récapitulation, il préfentera d'abord deux obfervations importantes, & qui ne doivent jamais être perdues de vue dans cette affaire.

Premièrement, il répétera qu'en fa qualité de Curateur, il n'a pu perdre aucun droit, couvrir aucune nullité, & qu'il ne peut réfulter de fon fait aucune fin de non-recevoir contre lui.

Il rappellera enfuite le principe conftant, qu'en matière criminelle tout eft indivifible ; qu'un feul Arrêt nul, rend vicieux tous ceux qui ont pu le fuivre ; que les moyens de caffation qui frappent contre le premier, frappent néceffairement contre tous les autres. Ce n'eft pas pour faire caffer des Jugemens réguliers dans la forme, & juftes au fond, que le Suppliant fait cette obfervation ; car ici, & dans la forme & dans le fond, non-feulement le tout eft frappé d'un vice radical & univerfel, mais encore chaque partie eft infectée de vices directs. C'eft uniquement pour donner à ces moyens toute la force qu'ils doivent avoir, que le Suppliant invoque le principe d'indivifibilité.

Premier Moyen. La part que le fieur de Coltot a eue à toute la procédure faite fur le fond, excepté l'Arrêt du 21 Décembre 1778, & à une partie de la procédure faite fur l'intervention ; la parenté de ce Magiftrat avec le fieur de

N

Bazin, l'une des parties accufées ; fa récufation difcutée & jugée valable, par arrêté de la chambre du 10 Mars 1780, forment un moyen de nullité radicale, qui fait crouler par fes premiers fondemens la procédure entière faite au Parlement de Rouen, principal & incidens.

La Loi ne peut être, ni plus précife, ni plus abfolue qu'elle l'eft à cet égard ; elle ne fouffre aucune exception, aucune modification. L'Ordonnance de 1667, article 2, titre 24, diftingue en matière criminelle deux cas où le juge *doit s'abftenir* : le premier cas, *s'il eft parent ou allié de l'accufateur ou de l'accufé jufqu'au cinquième degré incluſivement* ; le fecond cas, *s'il porte le nom & armes, & qu'il foit de la famille de l'accufateur ou de l'accufé......* en quelque degré de parenté ou d'alliance que ce puiffe être, &c ; & l'Ordonnance ajoute : *fans qu'en l'un ni l'autre cas, il puiffe demeurer Juge, nonobftant le confentement de toutes les Parties, & même de nos Procureurs-Généraux,* &c. L'article 4 du même titre, porte que *ce qui eft dit des parens & alliés, aura pareillement lieu pour ceux de la femme, fi elle eft vivante, ou fi le Juge ou la Partie ont des enfans vivans.* Enfin, d'après l'article 17, *tout Juge qui fait caufes valables de récufation en fa perfonne, eft tenu, fans attendre qu'elle foit propofée, d'en faire fa déclaration*

Le fieur de Coltot était dans le cas de l'article 4, parent au degré prohibé du fieur de Bazin, accufé au Procès, parent à la vérité par fa femme morte, mais ayant eu de cette femme *une fille qui eft vivante* ; il *favait caufe de récufation en fa perfonne,* il ne devait pas *attendre qu'elle fût propofée.* Peu importe que le Suppliant l'ait *propofée* dans le milieu de la caufe; le Juge devait *s'abftenir* de lui-même. Puifque *le con-fentement même des Parties* ne pourrait couvrir cette nullité; à combien plus forte raifon leur filence ne le peut-il pas? Quand le fieur de Coltot n'eût pas été récufé, quand il fût refté Juge jufqu'après l'Arrêt définitif, & cet Arrêt, & tout ce dont il a été précédé, n'en ferait pas moins radicalement nul. S'il n'était pas fuperflu d'invoquer des Arrêts lorfque l'Ordonnance eft fi précife, on en citerait, entre mille, un rendu le 7 Juillet 1702, & rapporté dans le tome cinquième du Journal des Audiences, qui a déclaré nulle une procédure faite par un Juge inférieur, parent d'une des Parties, *quoique le Juge n'eût pas été récufé.*

Dira-t-on que le Suppliant doit déférer cette nullité au Parlement de Rouen, d'après l'article 8 du titre 14 de l'Or-donnance, qui *laiffe au devoir & à la religion des Juges d'exa-miner, avant le Jugement, s'il n'y a point de nullité dans la procédure?* Mais l'application de cet article à la circonftance actuelle, ferait une pétition de principe.

Sans doute les Cours ont le droit d'annuller les procédures vicieufes faites devant elles. Mais le droit d'annuller des actes de procédure, ne leur donne pas celui d'annuller les Arrêts définitifs & contradictoires qu'elles ont rendus. Ainfi le Par-lement de Rouen, par fon Arrêt du 21 Décembre 1778, a pu annuller tout ce qui avait été fait jufques-là, parce qu'il n'avait été rendu que des Arrêts fur Requête, qui font de fimples actes de procédure, & qui n'avaient été ni demandés, ni même accordés compétemment, puifque la Cour n'était pas légalement faifie du Procès. Ainfi, le jour que la récufation du ſieur de Coltot a été jugée valable, le Parlement de Rouen aurait pu , & il le devait, annuller toute la procédure faite avec ce Magiſtrat, parce qu'elle ne renfermait aucun Arrêt définitif & contradictoire. Mais aujourd'hui que cette Cour, loin de réformer ſa procédure vicieuſe, l'a conſacrée irrévocablement ; aujourd'hui que, par un Arrêt ſolemnel, elle a contradictoirement & définitivement reçu & l'intervention du ſieur Duval d'Eſpréménil, & la repriſe d'Inſtance de la Dame d'Aché , elle n'a plus le pouvoir d'annuller ſa procédure, parce qu'elle n'a pas celui d'annuller ſon Arrêt ; c'eſt au Conſeil ſeul qu'il appartient de proſcrire l'une & l'autre ; c'eſt au Conſeil ſeul que le Suppliant doit déférer l'une & l'autre.

Dira-t-on qu'à la bonne heure le Conſeil ſeul peut déſormais faire droit ſur ce moyen, mais qu'il ne peut l'admettre que relativement à la procédure de l'intervention, & laiſſer aux Juges de renvoi, quels qu'ils doivent être, le ſoin de prononcer ſur la procédure du fond ? Mais ne ſerait-ce pas encore une nouvelle pétition de principe ?

Sans doute, on ne ſerait pas recevable à ſe pourvoir au Conſeil contre de ſimples actes de procédure préparatoires , iſolés & non déciſifs. Mais lorſque dans le cours de cette procédure, il a été rendu un Arrêt définitif & contradictoire ; lorſque par une demande en caſſation, formée contre cet Arrêt, le Conſeil eſt ſaiſi de nullités qui infectent non-ſeulement ledit Arrêt, mais encore la totalité de la procédure , il paraît peu convenable à la dignité du Tribunal réformateur, de prétendre qu'il doit ſe borner à annuller une partie d'un

tout qui eft reconnu vicieux , prolonger ainfi les difficultés ;
multiplier les entraves qui n'embarraffent déja que trop les
opérations de la Juftice , & commettre encore une fois au
hafard & la régularité d'une procédure , & le fort des Parties
qui en dépendent. Il eft impoffible d'ailleurs de ne pas annuller la procédure qui aurait pu être faite fur le fond , foit
depuis l'Arrêt du 15 Mars , qui a admis la reprife d'Inftance
de la Dame d'Aché , foit depuis l'Arrêt du 12 Mai , qui a
reçu définitivement & cette reprife d'Inftance , & l'intervention du fieur Duval , parce que ces Arrêts ont introduit
dans le Procès deux Parties qui en étaient exclues aux termes
de l'Ordonnance , & parce que le plus grand vice d'une procédure criminelle eft d'être pourfuivie & inftruite avec des
Parties qui n'ont aucune qualité pour y être comprifes. Encore une fois , pourquoi donc laifferait-on fubfifter une feule
partie d'un tout vicieux , reconnue dès aujourd'hui non moins
vicieufe elle-même que les autres parties ?

Il n'eft donc point d'objection folide contre le premier
moyen invoqué par le Suppliant ; & , on le répète avec confiance , ce moyen feul , le plus faible de tous ceux que le
Suppliant invoque , ruine fans reffource tout ce qui s'eft fait
au Parlement de Rouen depuis l'Arrêt du 21 Décembre
1778 exclufivement , jufqu'à ce jour.

Deuxième Moyen. L'Arrêt du 11 Août 1779 , qui , fur
la Requête d'intervention , a renvoyé les Parties à l'Audience , indépendamment même de ce que le fieur de Coltot
a voté pour le rendre , eft effentiellement nul,

Nul, en ce qu'il accueille une attaque en calomnie contre un mort qui ne peut plus y défendre ; & en ce qu'il contrevient dès-lors à l'article premier du titre 22 de l'Ordonnance, qui *défend de faire le Procès à la mémoire, si ce n'est pour crime de lèze-Majesté divine ou humaine, duel, homicide de soi-même, rebellion à Justice.*

Nul, en ce qu'il accueille une demande, tendante à faire prononcer des condamnations contre le Curateur à la mémoire nominativement ; & en ce qu'il contrevient dès-lors à l'article 3 du titre 22 de l'Ordonnance, qui défend de rendre condamnation contre le Curateur, & qui veut qu'*elle soit rendue contre le cadavre ou la mémoire seulement.*

Nul, en ce qu'il accueille une demande en intervention dans un Procès de Grand-Criminel ; & en ce qu'il contrevient dès-lors, non-seulement à tous les principes de la Jurisprudence, mais encore au texte précis de l'Ordonnance, qui, après avoir indiqué dans toutes ses dispositions la plainte comme le seul moyen légal d'intenter une action criminelle, finit par *abroger* formellement *tous usages* DIFFÉRENS, *ou contraires aux dispositions qu'elle contient.* Un Dénonciateur n'est rien dans un Procès criminel ; le Plaignant lui-même, malgré tout son intérêt, n'y est pas Partie civile s'il ne le déclare expressément : qu'y serait donc un Intervenant ?

Nul, en ce qu'il renvoie à l'Audience, en ce qu'il fait plaider, comme dans une cause civile, les moyens d'intervenir dans un Procès de Grand-Criminel ; & en ce qu'il contrevient dès-lors au texte entier, en ce qu'il bouleverſe totalement l'eſprit de l'Ordonnance criminelle.

En effet. D'abord cette Ordonnance a prévu tous les cas où elle a voulu que, dans un Procès criminel, on procédât conformément à l'Ordonnance civile. S'agit-il de purger la mémoire d'un défunt, mort contumax ? Sa veuve & ſes héritiers doivent, ſuivant le titre 27, procéder par la voie de l'aſſignation : les délais preſcrits pour les affaires civiles, doivent être obſervés : mais point de préſentation, de défaut, de plaidoiries, d'appointemens. Le rapport des Experts, dans l'inſtruction de faux, ſera délivré conformément à l'Ordonnance civile, ſuivant l'article 15 du titre du faux principal. Les préſentations d'exoine, l'entérinement des lettres de grace, rémiſſion, pardon, ſe feront à l'Audience, dans la forme preſcrite en matière civile, ſuivant les titres 11 & 16. On y plaidera les oppoſitions aux monitoires, les appels de permiſſion d'informer, informations, décrets, & autres inſtructions préparatoires ſuivant le même titre. L'article 4 du titre 17, veut que la ſaiſie des meubles de l'Accuſé, ſoit faite conformément à l'Ordonnance civile. L'article 20 du titre 25, que ce qui a été ordonné pour les dépens en matière civile, ait lieu en matière criminelle. Enfin, c'eſt conformément à l'Ordonnance civile, que les Matrônes doivent faire leur rapport dans les Procès criminels où elles ſont appellées, ſuivant le même titre. Voilà les ſeuls cas, où, dans les Procès de Grand-Criminel, le Légiſlateur a permis, a voulu qu'on procédât conformément à l'Ordonnance civile. Il a prévu, articulé tous ces cas dans l'Ordonnance criminelle : eût-il omis

d'y parler de l'intervention, s'il ne l'eût pas proscrite en matière criminelle? *Qui de uno dicit, de altero negat.*

Mais il y a plus. On vient de voir les cas pour lesquels seuls
l'Ordonnance veut que la Plaidoirie ait lieu en matière criminelle. En les indiquant, elle a constamment pourvu à deux
choses; savoir, à la célérité que les Juges doivent mettre
dans les Procès criminels, & à l'instruction qu'ils doivent
avoir pour ne rien prononcer qu'en connaissance de cause.
D'une part, elle défend toute rétardation; de l'autre, elle
ordonne le vû des charges. Ainsi, pour les oppositions aux
monitoires, elle ordonne que les Parties *comparaissent dans
les trois jours pour le plus tard*, article 8. Elle ordonne que
*l'opposition soit plaidée au jour de l'assignation, & le Jugement
exécuté nonobstant oppositions ou appellations, même comme
d'abus.* Elle défend de *donnner des défenses ou surséances;
de les exécuter, si ce n'est après avoir vu les informations &
le monitoire*, article 9. Ainsi, pour les appellations & évo-
cations, elle déclare qu'*aucune appellation ne pourra empêcher
ou retarder l'exécution des décrets, l'instruction & le jugement;*
article 3. Elle défend *de donner aucune défense, ni surséance
de continuer l'instruction des Procès criminels, sans voir les
charges & informations*, article 4. Elle *défend d'évoquer les
Procès*, si ce n'est quand *la matière est légère, pour les juger
sur le champ, après avoir vu, & en mentionnant dans l'Arrêt
les charges & informations*, article 5. Elle ordonne enfin, que
*les informations & Procès criminels seront mis ès mains des
Avocats-Généraux, si l'affaire est portée à l'Audience*, art. 10;
titre 26.

Une

Une troifième obfervation non moins importante , c'eft
que de tous les cas fur lefquels l'Ordonnance renvoie à plaider
dans un Procès criminel , il n'en eft aucun qui puiffe fe ren-
contrer après le réglement à l'extraordinaire, & la raifon en eft
bien fimple. On ne peut rien juger dans un Procès de Grand-
Criminel, que fur le vû des charges, des informations, en
un mot du Procès : or, le réglement de ce Procès à l'extraordinaire, lui imprime plus que jamais le fceau du plus profond fecret; les charges , informations & procédures ne peuvent plus être portées à l'Audience : donc on ne peut plus
les y *voir*, donc on ne peut plus y rien juger, donc on ne
doit pas y renvoyer.

Mais tous ces objets fi précieux , fi effentiels , ces objets
que l'Ordonnance a tant à cœur, combien n'ont-ils pas été
oubliés, méprifés, compromis dans le renvoi fait à l'Audience
de l'intervention du fieur Duval , dans le Jugement porté à
l'Audience fur cette intervention !

Qu'eft devenue la célérité prefcrite dans les Procès criminels ? Les Juges, en vertu de ce renvoi , ont fufpendu fur
le champ , & tiennent en furfis depuis huit mois le rapport du
Procès, qui était commencé.

Qu'eft devenue l'inftruction fi néceffaire pour ne prononcer qu'en connaiffance de caufe ? Le fieur Duval , après
avoir préfenté d'abord fon intervention comme indépendante
du Procès principal , & il avait raifon, a imaginé de la préfenter enfuite comme intimement liée avec le fond de ce
Procès principal; il a plaidé tout le fond de ce Procès; il a

O

plaidé toutes les charges & informations, comme moyens de fon intervention. Mais ces charges & informations n'étaient pas à l'Audience & ne pouvaient plus y être, ainfi que nous venons de le voir. Elles n'avaient pas été, & elles n'avaient pas dû être *remifes ès mains de l'Avocat-Général.* Les Juges ont prononcé fur ce qu'on leur en difait, fans les avoir vues, fans les avoir entendu lire, fur le rapport plus que fufpect d'un particulier, qui ne devait, ni ne pouvait les connaître, & qui, par la paffion effrénée à laquelle il fe livrait, devait éloigner toute confiance.

Ce n'eft pas tout. Quel était le fondement de l'intervention du fieur Duval? La remife, prétendue faite au Procès par le Suppliant, des Mémoires que le feu Comte de Lally y avait mis lui-même autrefois. Or, l'exiftence ou l'inexiftence de cette remife n'a été ni avouée ni niée par le Suppliant, qui ne doit aucun compte au fieur Duval. Elle n'a point été prouvée & elle n'a pas pu l'être par le fieur Duval, pour qui le Procès eft impénétrable. Elle n'a pas été vérifiée, & elle n'a pas pu l'être par les Juges, pour qui le Procès n'était pas à l'Audience. Non-feulement ces Juges n'avaient à l'Audience aucune connaiffance légale de ce que le Suppliant avait joint ou n'avait pas joint au Procès ; mais les trois quarts même n'en avaient aucune connaiffance phyfique. Le fieur Avocat-Général, par exemple, ne fait pas encore aujourd'hui s'il y a au Procès une feule ligne des Mémoires du feu Comte de Lally. On n'a pu raffembler que quatorze Juges pour le rapport du fond : il s'en eft trouvé vingt-neuf le jour que le fieur Duval a paru pour plaider fon intervention : des vingt-quatre reftans lors du Jugement, il n'y en avait que neuf qui euffent connu du fond ; les dix-fept autres étaient dans une ignorance auffi complette que celle du fieur Avocat-Général. Ainfi, le fieur Duval a plaidé pour qu'on reçût, le fieur Avocat-Général a conclu à faire recevoir, & les Juges ont reçu une intervention en Grand-Criminel, fans que l'un ait prouvé ni pu prouver, fans que les autres aient vérifié ni pu vérifier le fait qui était l'unique bafe de cette intervention. On ne craint pas de le dire, qu'on parcoure l'hiftoire de tous les Tribunaux, qu'on ouvre tous les recueils d'Arrêts, tous les écrits des Jurifconfultes, on ne trouvera jamais l'exemple d'une pareille procédure.

Dira-t-on que l'intervention devait être renvoyée à l'Audience, d'après l'article 28 du titre 11 de l'Ordonnance civile? Mais le Suppliant tirera de cette objection même un nouvel argument contre les interventions en matière criminelle. Il placera les Juges dans une alternative, de laquelle ils ne pourront fe tirer. Il leur dira : Voilà une intervention que vous accueillez dans un Procès de Grand-Criminel, réglé à l'extraordinaire. La joignez-vous au fond, fans Plaidoiries? Alors j'attaque votre Arrêt, fondé fur ce que vous ne vous êtes pas conformé à l'article 28 du titre 11 de l'Ordonnance de 1667, feule regle de la procédure fur l'intervention, puifque l'Ordonnance criminelle n'en dit pas un mot. Vous conformez-vous à cet article, renvoyez-vous à l'Audience, ordonnez-vous des Plaidoiries? Alors j'attaque votre Arrêt, fondé fur ce que vous n'avez pas pu faire tout cela fans fronder le texte entier de l'Ordonnance criminelle. D'où il réfulte que fous aucun point de vue, l'intervention ne peut être admife dans un Procès de Grand-Criminel.

O ij

Le Suppliant pourrait relever encore une foule d'irrégularités réfultantes de l'Arrêt du 11 Août, & du renvoi à l'Audience. Par exemple, on a parlé dans les Arrêts rendus fur
l'intervention, de *Parties défaillantes* : on a *donné des défauts
contre elles* : on a *déclaré l'Arrêt commun avec elles*. Mais dans
un Procès de Grand-Criminel, inftruit à la diligence du Procureur-Général feul, où tous les décrets font fignifiés, & qui
enfin eft réglé à l'extraordinaire, on ne conçoit pas ce que
c'eft que des *Défaillans*. Il n'y a, d'une part, que la partie
publique ; & de l'autre, que des Accufés en état ou des Accufés contumax. 2°. Du moins fallait-il être conféquent ; &
puifque l'on admettait des *Défaillans*, rendre tous les Arrêts
d'inftruction uniformes fur ce point. Or, parmi ces Arrêts,
les uns, tels que ceux des 10 Mars, 19 & 24 Avril, donnent
défaut contre les Défaillans ; les autres, tels que ceux des
8 & 15 Mars, n'en donnent point : d'où il réfulte une contradiction. 3°. L'on a toujours plaidé à des Audiences extra-
ordinaires. Les renvois n'ont pas été faits aux mêmes jours.
On a plaidé le Vendredi, le Mercredi, le Lundi. Aux termes
de l'article 6 du titre 14 de l'Ordonnance de 1667, il eût fallu
une fommation pour chaque jour où le renvoi a été fait, &
il n'y en a pas eu : & mille autres irrégularités que le Suppliant invoquerait comme autant de moyens, fi les intérêts
qu'il préfente n'étaient pas trop puiffans pour être appuyés fur
des nullités minutieufes de pratique.

Troisieme Moyen. L'Arrêt du 10 Mars fur le premier
incident, indépendamment de ce qu'il eft nul comme fuite
générale de la Procédure dont le fieur de Coltot a connu,
comme fuite particulière de l'Arrêt du 8 Mars, pour lequel

le fieur de Coltot a voté , comme ayant pour caufe pre- mière l'Arrêt du 11 Août qu'on vient d'analyfer , eft encore nul & injufte en lui - même. Nul & injufte, parce qu'au bout de quinze jours le Record peut bien avoir lieu pour un *fait*, mais non pas pour un *dire* ; parce qu'un acte demandé non pas fur un *fait*, mais fur un *dire* , fur une phrafe prétendue plai- dée , eft un acte purement méchanique , qui , fans équivoquer fur l'efprit , doit offrir ftrictement la lettre, qui n'eft fufce- ptible d'aucune modification , d'aucun changement ; parce que dès - lors, d'après les variations du fieur Duval, d'après la différence des conclufions qu'il avait prifes le vendredi, & de celles qu'il avait prifes le mercredi, on ne devait pas héfiter à lui refufer l'acte qu'il demandait ; parce que, dans tous les cas, on devait du moins donner auffi acte au Sup- pliant de fa déclaration , puifqu'on la reconnaiffait vraie, & que le fieur Duval lui - même n'avait pas ofé la dire fauffe. Cet Arrêt eft le premier dans lequel on ait parlé de Parties défaillantes , & qui ait été déclaré commun avec elles.

QUATRIEME MOYEN. L'Arrêt du 15 Mars fur le fecond in- cident, frappé , ainfi que le premier , des nullités réfultantes de l'Arrêt du 11 Août, eft encore, ainfi que le premier , nul & injufte en lui - même, parce qu'il juge abfolument les deux contraires , parce qu'il munit le Suppliant & fon Adverfaire de deux actes dont l'un eft néceffairement faux fi l'autre eft vrai, & qui , aux termes de l'Arrêt, fe trouvent tous deux réputés conftans. Cet Arrêt eft du nombre de ceux qui n'ont pas parlé de Parties défaillantes, & n'ont point été déclarés communs avec elles.

Cinquieme Moyen. La Requête préfentée par la Comteffe d'Aché , en reprife d'inftance criminelle pour la vindicte publique , au lieu & place du feu Comte d'Aché accufé : l'Arrêt du 15 Mars, qui, fur cette Requête non communiquée , lui a donné acte de cette reprife : la nomination demandée par la même Requête, & faite par le même Arrêt, d'un Curateur à la mémoire du Comte d'Aché : le renvoi & la fommation d'en venir à l'Audience : l'admiffion de toutes les Parties à plaider fur ce que le Parlement devait ou ne devait pas, pouvait ou ne pouvait pas faire à l'égard du feu Comte d'Aché : l'admiffion de la Comteffe d'Aché à faire efter dans un Procès Criminel la mémoire de fon mari , tandis que le Suppliant a été jugé inadmiffible à y faire efter celle de fon père ; tandis que le Procureur - Général a dit lui - même qu'il était feul compétent pour citer toutes les Parties & pour provoquer toute inftruction ; tandis que le Parlement de Rouen l'a jugé lui - même par fon Arrêt du 21 Décembre 1778 ; tandis que cet Arrêt a déclaré nulle & contraire aux regles judiciaires toute la Procédure faite au nom du Suppliant, qui du moins avait plus de droit que la Comteffe d'Aché : la Plaidoirie faite au nom d'un Curateur déja nommé , fur la queftion de favoir s'il y avait lieu de nommer un Curateur : cette même Plaidoirie roulant en partie fur tout le fond d'un Procès de Grand - Criminel , & en partie fur une demande faite au nom d'un mort en fuppreffion des Mémoires d'un autre mort : le double emploi , la concurrence de deux Parties dont l'une excluait néceffairement l'autre, pour repréfenter un feul accufé : en un mot toute la Procédure relative à cet objet, offre un tiffu de contradictions , d'abfurdités , de contraventions à toutes

les Ordonnances & aux premieres regles de l'ordre judiciaire. Le Suppliant ne diſcutera point ici de nouveau tous
les différens caractères qu'il a montrés dans cette Procédure:
les détails auxquels il s'eſt livré ſont trop frappans pour qu'on
ait pu les oublier.

SIXIEME MOYEN. L'Arrêt du 19 Avril, qui a déclaré le
Suppliant non - recevable & mal fondé dans ſa réclamation
contre l'Audience du 12, contre l'infidélité dont elle avait
été le fruit, & contre le préjudice énorme qu'elle lui avait
cauſé, eſt nul & injuſte. Nul, parce que, ſans s'être occupé
du fond de la demande qui en était l'objet, ſans avoir procédé à la vérification des faits, ſans avoir invité le ſieur
Premier Préſident à en rendre compte, il a prononcé le
mal fondé. Injuſte, parce qu'on devait s'occuper du fond de
cette demande, procéder à cette vérification, inviter le ſieur
Premier Préſident à rendre ce compte : parce que plus l'affaire
était importante, & plus la réunion des Juges était pré-
cieuſe; plus le procédé dont le Suppliant ſe plaignait était
odieux, & plus la juſtice devait empêcher qu'il ne devînt
funeſte ; plus on ſuſcitait d'ennemis au premier, & plus la
ſeconde devait s'empreſſer de lui faire connaître les moyens
dont on ſe ſervait pour l'attaquer : parce que des Juges n'ont
pas le pouvoir de ne pas entendre les moyens qu'une partie
plaide en l'abſence de l'autre : parce qu'ils ne ſont pas les
maîtres des impreſſions qui portent la conviction dans leur
eſprit : parce que cette conviction peut réſulter, contre l'ab-
ſent, d'un fait qu'il eût détruit s'il l'eût entendu plaider :
parce que ſi la publication du Plaidoyer était jugée équiva-
lente à l'Audition, cet équivalent ne devait pas moins avoir

lieu pour les Juges abfens que pour la Partie abfente , &
que ce qui paraiffait fuffifant pour la défenfe de celle - ci ,
ne devait pas le paraître moins pour l'inftruction de ceux-
là : parce qu'il n'y a pas eu une ame honnête qui n'ait été
foulevée au récit de ce Procédé du fieur Duval : parce
qu'une feule chofe a dû paraître plus furprenante que le
Procédé en lui - même , favoir le fuccès dont il a été couronné , & le fang-froid avec lequel il a été envifagé, appuyé
même par ceux que les chofes les plus fimples ont *étonné*
enfuite *jufques à la ftupéfaction.* On ne fait pas d'ailleurs à
quel propos la Comteffe d'Aché & le Curateur à la mémoire
de l'Amiral ont été Parties dans cet Arrêt , à quel propos
l'une & l'autre fe font ingérés de prendre des conclufions
fur une querelle particulière entre le Suppliant & le fieur
Duval : ce moyen feul , & en général la feule préfence des
fieur & dame d'Aché à l'Audience , emportent la nullité de
tous les Arrêts rendus avec eux. Au refte celui dont il eft
queftion actuellement, eft un de ceux qui ont adjugé défaut
contre les Parties défaillantes, & qui ont été déclarés communs avec elles.

SEPTIEME MOYEN. L'Arrêt du 24 Avril , rendu fur la demande du fieur Alen de Saint - Wolfton, eft une contravention précife à l'article 5 du titre 5 de l'Ordonnance , qui
prefcrit en termes exprès *de faire droit* PRÉALABLEMENT *fur*
les fins de non - recevoir & exceptions péremptoires. On ne
peut que s'en référer à cet égard à la Requête antérieure du
fieur Alen , aux détails & à la difcuffion qu'elle renferme. La
Comteffe d'Aché & le Curateur à la mémoire du Comte
ont encore été Parties dans ce jugement, qui a encore donné
défaut

défaut contre les Parties défaillantes , & déclaré l'Arrêt commun avec elles.

HUITIEME MOYEN. La Plaidoirie du fieur Duval fur le fond du grand Procès, que le Suppliant avait écarté & dont on ne devait pas s'occuper ; la citation faite dans ces Plaidoiries d'une foule de faits & de moyens, dont on n'apperçoit pas le premier mot dans la Requête d'intervention, d'une fuite de pieces qui n'ont pas été jointes à cette Requête , qui n'ont été ni fignifiées ni communiquées , offrent une contravention non moins précife à l'article 28 du titre 11 de l'Ordonnance de 1667 , qui veut que *les Requêtes d'intervention en contiennent les moyens* , que *les Pieces juftificatives* y foient jointes , qu'il en foit *baillé copie à la Partie.* Le Précis que le fieur d'Efpréménil a produit , les Plaidoiries clofes , & dans lequel il difait & citait ce qu'il n'avait ni dit ni cité foit dans fa Requête , foit aux Audiences , heurte encore de front cet article de l'Ordonnance : on s'en réfère à cet égard à la proteftation qui a été faite par le fieur de Poully. Il eft fans doute inutile d'obferver que les moyens tirés par le Suppliant de l'Ordonnance civile , ne font rien moins qu'un aveu que ce fût à elle à faire regle dans la circonftance préfente. Mais la bizarrerie de la Procédure attaquée , oblige le Suppliant de fe placer dans toutes les hypothèfes pour la ruiner par tous les moyens. Ainfi , il a d'abord dit : Vous ne deviez pas & vous ne pouviez pas accueillir la demande du fieur Duval , la renvoyer à l'Audience , procéder au Grand Criminel comme on procede au Civil ; & il dit enfuite : Quand même vous auriez pu faire tout cela , vous avez encore violé toutes les regles qu'il eût fallu obferver en le faifant.

Neuvieme Moyen. L'Arrêt définitif, à le confidérer foit dans la forme, foit dans le fond, eft un monftre qui raffemble les vices de tous les autres, & qui leur en ajoute encore de nouveaux. Quant à la forme, on a vu la maniere dont il eft libellé, & les vices particuliers dont il eft rempli : mais ce font des objets trop peu importans pour arrêter nos regards. Sur quoi il faut les fixer, c'eft fur le fond même du jugement qu'il préfente, fur les queftions principales qu'il décide, fur les principes qu'il établit, fur les conféquences qui en réfultent, fur les dangers qu'il entraîne ; & il eft impoffible de ne pas frémir. En recevant l'intervention du fieur Duval & la reprife d'inftance de la dame d'Aché, cet Arrêt viole ouvertement tous les articles de l'Ordonnance que les Arrêts du 11 Août 1779, & du 15 Mars 1780, avaient enfreints en accueillant feulement cette même intervention & cette même reprife. Il renverfe toutes les notions reçues, toutes les loix, toutes les regles, toutes les autorités citées dans le Plaidoyer du Suppliant, tous les principes que les mêmes Juges avaient formellement reconnus dans leur premier Arrêt du 21 Décembre 1778. Il juge qu'on peut intervenir dans un Procès, fans intérêt direct à l'objet propre de ce Procès : il juge qu'on peut intervenir dans un Procès de Grand Criminel : il juge qu'on peut intervenir lorfqu'il n'y aurait pas même lieu à une action principale : il juge qu'on peut faire le Procès à la mémoire d'un défunt pour délit de calomnie, pour raifon d'une injure diffimulée, prefcrite, éteinte : il juge qu'on peut, pour le fait d'un déunt, prononcer des condamnations contre le Curateur à sa mémoire, &c. Enfin ce ne font pas feulement des loix paffagères, ce ne font pas feulement les regles d'une Jurifprudence inconftante, ce n'eft pas même la raifon feule qui réclament ici, ce font les maximes fondamentales de la Société, les premiers principes de l'humanité, les loix éternelles & immuables & du droit public & du droit naturel qu'il s'agit de venger. Tous ces grands objets refteront compromis, tant qu'il fubfiftera un Arrêt qui a jugé que l'afyle des morts pouvait être violé, & leur cendre profanée par des accufations de toute efpece. Le Suppliant ne s'étendra pas davantage fur ces conféquences ; il les a offertes, il les a développées dans fon Plaidoyer, & elles font trop affligeantes pour qu'il ne cherche pas à en détourner les regards, toutes les fois que fon devoir le lui permettra.

Le Suppliant terminera cette Requête par quelques réflexions qu'il fe doit à lui-même & à fa caufe, & fur lefquelles il fupplie le Roi & fon Confeil de vouloir bien fixer leur attention.

Le fieur Duval, dès le premier inftant où il a formé fon inconcevable action, défefpérant, avec raifon, de la Juftice calme & impartiale, n'a ceffé d'appeller toutes les paffions à fon fecours. Il a travaillé perpétuellement à provoquer, à foulever contre le Suppliant, l'orgueil, la haine, la vengeance, à enflammer tous les cœurs du fanatifme qui dévorait le fien. Un fils pourfuivant la juftification de fon père, travaillant dans la folitude, impofant filence à fes cris,

ne parlant qu'à ſes Juges , couvrant toutes ſes opérations
du ſecret de la Procédure criminelle , le ſieur Duval l'a repréſenté comme un ſéditieux, comme l'agent d'un parti déchaîné contre la Magiſtrature , comme un nouvel Eroſtrate
brulant le Temple de la Juſtice, comme l'ennemi commun ,
comme le Calomniateur futur de tous les Tribunaux de
France. Après avoir oſé ſolliciter les Juges de Rouen , de
rendre *un Arrêt conforme à celui de Paris* , il s'eſt écrié : *Cet
Arrêt ne ſera pas plus reſpecté* ; LES MÊMES LIBELLES ATTEN-
DENT TOUS LES PARLEMENS DU ROYAUME *l'un après l'autre.*
Ainſi ce nom odieux de *Libelle* eſt déja appliqué d'avance à
la juſte réclamation que le Suppliant, dans toute l'amertume
de ſon ame , mais avec toute l'intrépidité de ſa poſition,
dépoſe aujourd'hui aux pieds du Roi & de ſon Conſeil.

La réponſe du Suppliant ſera courte. Il ne ſait point faire
de Libelle , & il dédaigne ceux qu'on fait contre lui , à
commencer par les Plaidoiries du ſieur Duval. Mais en ſubſti-
tuant des expreſſions juſtes à des termes calomnieux , il dira :
OUI, LA MÊME RÉCLAMATION ATTEND LES MÊMES ERREURS
OU LES MÊMES INJUSTICES , DE QUELQUE TRIBUNAL QU'ELLES
ÉMANENT. Il dira : Vous vous trompez , vous qui croyez m'in-
timider par la multiplicité des ennemis , par les ligues , par les
menaces. Vous ne ſavez pas ce que peut le courage d'un fils qui
ne redoute rien que la honte de trahir ſon devoir , & qui
regarderait comme le plus beau moment de ſa vie, celui où
il ſcellerait de tout ſon ſang la juſtification de ſon père.

Au reſte , que le ſieur Duval profite donc enfin de l'aver-
tiſſement qui lui a déja été donné tant de fois ; qu'il ceſſe

donc enfin de confondre les objets les plus effentiellement diftinĉts, les perfonnes & les dignités, les Magiftrats & la Magiftrature, les Juges & les Loix.

S'agit - il des dignités, de la Magiftrature, des Loix ? Perfonne n'a pour elles une foumiffion plus entière, ne reffent une vénération plus profonde, que celles dont le Suppliant eft à jamais pénétré : loin de les braver, il les implore ; loin de les offenfer, il les venge ; loin de chercher à les rendre haïffables, il travaille à les faire chérir.

S'agit - il des perfonnes, des Magiftrats, des Juges ? Profterné devant le Trône, le Suppliant ofe lire dans l'ame du Monarque que le Ciel y a fait affeoir pour le bonheur de la France, cette invitation fublime qu'un grand Prince configna autrefois dans un Édit immortel : « Si un de mes Su-
» jets, quel qu'il foit, a quelques plaintes à former, quelques
» griefs à articuler contre ceux que j'ai établis Juges, ou
« conftitués Chefs fur mon Peuple, qu'il vienne à moi avec
« fécurité, avec intrépidité ; qu'il m'interpelle moi - même ;
» qu'il me dife toutes les vérités ; qu'il m'expofe toutes les
» preuves : ce fera moi qui les écouterai toutes ; ce fera moi
» qui les examinerai toutes ; ce fera moi qui le vengerai,
» qui me vengerai moi - même de ceux qui auront trompé
» ma confiance. Non - feulement ma Juftice fera fa confo-
» lation, mais encore mes faveurs feront fa récompenfe :
» je le promets, je le jure, & daigne le Ciel être auffi
» conftant à m'accorder fa protećtion que je le ferai à ob-
» ferver mon ferment, veiller fur ma fûreté & fur mon repos

» avec autant de bonté que je veillerai avec exactitude sur
» la sûreté & sur le repos de mes Sujets ! *Si quis est cujus*
» *cumque loci, ordinis, dignitatis, qui se in quemcumque Ju-*
» *dicum, Comitum, amicorum vel palatinorum meorum ali-*
.» *quid veraciter & manifestè probare posse confidit, quod non*
» *integrè atque justè gessisse videatur, intrepidus & securus*
» *accedat. Interpellat me. Ipse audiam omnia, ipse cognoscam,*
» *& si fuerit comprobatum, ipsum, me vindicabo. Dicat se-*
» *curus, & bene sibi conscius dicat. Si probaverit ut dixi,*
» *ipse me vindicabo de eo, qui me usque adhoc tempus simu-*
» *latâ integritate deceperit: illum autem qui hoc providerit &*
» *comprobaverit, & dignitatibus & rebus augebo. Ita mihi*
» *summa Divinitas semper propitia sit, & me incolumen præs-*
» *tet, ut cupio fœlicissima, & florente Republicâ* » ! Rempli de
ces paroles consolantes, plein du respect, de la confiance,
de la fermeté qu'elles doivent inspirer, le Suppliant le déclare à la face du Ciel & de la terre : il n'est ni particuliers,
ni associations qui puissent lui en impoler; ni considérations
qui puissent le faire mouvoir, ni craintes qui puissent le faire
fléchir. Et dans cette occasion , & depuis qu'il a entrepris
l'affaire à laquelle il s'est dévoué, & jusqu'à ce qu'il l'ait conduite à sa fin, il ne voit, il n'a jamais vu, il ne verra jamais
que son devoir, son père, & son Roi.

Mais ses malheurs, quelque grands qu'ils soient, ne le
rendront pas injuste. Il ne confondra jamais l'erreur à laquelle
tous les hommes sont sujets, avec l'iniquité dont il croit que
peu de Magistrats sont capables. Il dira même plus : de tous
les faits qu'il a exposés dans cette Requête, il n'impute rien

qu'au fieur Duval, il n'accufe de rien que le fieur Duval, c'eft
le fieur Duval qui a tout fait , & il devait faire tout ce qu'il
a fait.

Daignera-t-on fe prêter à l'hypothèfe que le Suppliant va
préfenter , pour développer cette dernière idée, d'une importance extrême, quant au renvoi qui doit fuivre la cassation?
Lui permettra-t-on de fe tranfporter à la place de fes Juges,
& de chercher au-dedans de lui-même, tout-à-la-fois la fource
& l'excufe de leur erreur.

Le Suppliant fe figure pour un inftant qu'il a l'honneur
d'être Membre d'un Parlement du Royaume. Il voit arriver
à fon Tribunal le fils de l'infortuné Lally , demandant un
Arrêt qui proclame l'innocence de fon père , & annonçant
que celui qui l'avait condamné eft profcrit par le Roi. Certainement le premier defir du Suppliant Magiftrat , fera celui
de rendre juftice ; & quoique combattu par le chagrin d'avoir
à manifefter l'erreur & à contredire le Jugement folemnel
d'une autre Cour , ce defir l'emportera d'abord fur toute autre
confidération. Mais fi en s'occupant de le remplir , le Suppliant voit tout-à-coup paraître dans un Magiftrat de cette
même Cour , un Accufateur ardent, infatigable, hardi pour
tout entreprendre , patient pour tout dévorer , inépuifable
en déclamations , en fophifmes , en fubterfuges. Si cet Accufateur l'environnant de toute part , l'affiégeant perpétuellement dans tous les lieux , par tous les moyens , lui répète
fans ceffe : « C'eft votre caufe , c'eft la nôtre , c'eft la caufe
» de *tous les Parlemens du Royaume* que vous allez juger.
» Tout eft perdu & pour vous & pour nous , fi vous ne réta-

» tabliffez pas le Jugement que le Souverain a profcrit. *Notre* » *autorité eft foulée aux pieds ; la foi de nos Arréts eft anéan-* » *tie ; nos oracles font incertains ; nos Autels font chancelans ;* » *l'état des hommes ne dépend plus de nous.* Ce fils dont le » malheur vous intéreffe, dont vous voyez le travail, mais » dont vous connaiffez à peine les traits, & qui femble n'a- » voir pas encore pu concevoir ce que c'eft que *folliciter* des » Juges, vous le croyez occupé de la mémoire de fon père? » Vous le croyez feul? Vous croyez qu'il attend tout de fa » caufe? Eh bien! détrompez-vous. Il ne fonge feulement » pas à fon père. Il n'en veut qu'à vous. Il n'a pas encore » atteint fa vingt-neuvième année, & il y en a déja *quinze* » qu'il eft le Chef ou l'Agent *d'un Parti déchaîné contre vous.* » Ainfi, à quatorze ans, il méditait la ruine de *tous les Par-* » *lemens du Royaume.* C'eft à ce *parti,* c'eft à l'*intrigue,* c'eft » à un *crédit ufurpé,* c'eft à la *fédition,* c'eft à la *Philofophie* » *moderne,* qu'il a dû *fes fuccès faciles,* & l'Arrêt de caffation » qu'il vous apporte. Le père était *un Monftre vomi par l'En-* » *fer. Je n'ai pas le droit de l'attaquer,* je le fais, j'en con- » viens : mais vous m'écouterez, parce que je plaide pour la » caufe commune, parce que la mienne *m'occupe à peine,* » parce que *je m'oublierai moi-même pour ne penfer qu'aux* » *Loix,* parce que *je fuis leur Miniftre,* parce que *ce caraƈere* » *indélébile, ce titre augufte m'unit à vous ;* & je vous prou- » verai que ce *Monftre* était *le plus mal-adroit des traîtres,* » ou, fi vous l'aimez mieux, *le modèle des traîtres ;* & je vous » peindrai fur-tout *les dangers qui vous menacent, les outrages* » *que vous avez reçus ;* & vous *répondrez aux fublimes infpi-* » *rations* que je vous tranfmettrai ; & *votre Arrêt fera con-* » *forme, ainfi que je l'efpère, à celui* que le Roi a caffé ; &

» le

» *le succès passager obtenu contre vous, n'aura servi qu'à vous*
» *préparer un triomphe plus beau* * » ; le Suppliant l'avoue,
il sera peut-être le premier à se laisser enflammer par tous ces
discours, & à communiquer à ses collegues le feu dont il
brûlera. Il ne formera pas froidement la résolution d'écraser
l'innocence ; à Dieu ne plaise qu'il se prête jamais à cette
idée révoltante ! mais il ne pourra se défendre du desir de
trouver un coupable, & de ce desir à la prévention il n'y a
qu'un pas ; & la prévention produit peut-être des effets plus
funestes que l'iniquité déterminée : celle-ci peut du moins
être contenue par le frein du remord, par celui de la crainte ;
mais l'autre, née d'un esprit abusé & d'une conscience sé-
duite, met à faire le mal, le courage que la vertu met à faire
le bien. Le Suppliant trouvera des contradicteurs parmi ses
collegues. La vérité sera défendue par ceux que la maturité
de l'âge met à l'abri des passions qui empêchent de la voir ;
par ceux qu'une faveur privilégiée du Ciel a fait parvenir,
avant cet âge, à une prudence consommée. Les obstacles ne
feront que l'irriter davantage. Il combattra la vérité avec
d'autant plus d'ardeur, qu'il croira la défendre ; & comme
l'enthousiasme de l'erreur fait plus de Prosélytes que le sang-
froid de la raison, il triomphera ; & rendu un jour à lui-
même, il reconnaîtra, il pleurera sa méprise ; & il méritera
d'être plaint ; & il n'en sera pas moins digne d'être respecté ;
& la haîne & la honte ne seront dues qu'à celui qui, pour
empêcher le triomphe de l'innocence, aura fasciné les yeux
de la Justice.

Voilà ce qui est arrivé ; voilà ce qui arrivera, par-tout où
l'on pourra dire à des Juges : C'est votre Cause que vous allez

* Voyez toutes ces phrases dans le premier Plaidoyer de sieur Duval.

juger. Voilà ce qui a fait une Loi au Suppliant ; en foumet-
tant toutefois fes réflexions à la prudence fuprême de Sa
Majefté, de demander, par un chef formel de fes conclufions,
un Tribunal auquel on ne puiffe pas adreffer ce langage.
Qu'on ne calomnie point fes fentimens, qu'on ne défigure
point fes difcours ; il le répète avec vérité, il vivra & il mourra
pénétré du refpect & de la foumiffion dus à cette dignité facrée,
à ces fonctions prefque céleftes de la Magiftrature, à ce titre
augufte de Cour Souveraine, aux dépofitaires de la Juftice
du Roi & d'une partie de fon autorité. Mais la marque la plus
grande qu'il puiffe donner de ce refpect, l'hommage le plus
digne d'elles qu'il puiffe rendre à ces Cours, eft fans doute
de demander qu'elles ne foient pas expofées au danger fi
effrayant d'être tout-à-la-fois Juges & Parties, aux furprifes
terribles qui en feraient la fuite prefqu'inévitable, & dont la
vertu la plus pure ne peut pas fe flatter d'être préfervée. Le
Suppliant ne craint, que parce qu'il n'eft pas donné à l'homme
d'être un Dieu : une pareille crainte ne peut être regardée
comme un outrage. Enfin, il croirait réellement offenfer ces
Cours, s'il ne penfait pas qu'elles éprouvent la même crainte
que lui, & que chacune d'elles forme intérieurement le vœu
qu'il adreffe authentiquement au Roi & à fon Confeil.

A L'ÉGARD DU SIEUR ALEN, attendu l'indivifibilité de la
demande en caffation précédemment formée par lui, & de
celle formée aujourd'hui par le fieur Comte de Lally-Tolendal, il doit néceffairement employer les moyens préfentés
par ce dernier, comme ampliatifs de ceux qu'il a déja
préfentés lui feul, n'avoir plus avec lui qu'une feule &

même pourfuite, & adhérer à toutes fes demandes & conclufions.

A L'ÉGARD DU SIEUR DE POULLY, objet de la même accufation, chargé du même décret que le fieur Alen, comme il
a eu le même intérêt à combattre l'intervention du fieur
Duval, il a aujourd'hui le même intérêt à attaquer les Procédures qui l'ont d'abord accueillie & enfuite admife. Il y a
plus, & le fieur de Poully a en quelque forte un intérêt plus
preffant encore que celui du fieur Alen, en ce que fon innocence a été plus compromife dans le Jugement de 1766 ; en
ce qu'il a été admonefté par l'Arrêt qui a fuivi celui du feu
Comte de Lally, & que le Confeil a caffé en même-temps
que celui du Général ; en ce qu'il a été déchu, comme tel,
de toutes les graces, & même de la Croix de Saint-Louis,
qui était due à fes fervices ; en ce que le fieur Duval lui a
fait une injure plus fanglante, lorfqu'il a fait réimprimer &
publier dernièrement ce même Arrêt qui avait condamné le
Suppliant, & qui a été caffé par le Confeil. Et dans le même
inftant où le fieur Duval commettait cette atrocité gratuite,
il ne ceffait de déclarer au Suppliant qu'il n'était pas fon
Adverfaire, qu'il ne voulait pas l'être. Qu'eût pu faire davantage l'Adverfaire, l'ennemi le plus acharné ? & pour apprécier la bonne foi du fieur Duval, pour juger le fieur Duval
tout entier, faut-il autre chofe qu'un trait de cette nature ?
Le fieur de Poully eft donc fondé à fe pourvoir ainfi que le
fieur Alen, & il adhère, ainfi que lui, à toutes les Requêtes,
Demandes, Moyens & Conclufions du fieur Comte de Lally-
Tolendal.

Q ij

ET POUR JUSTIFIER le contenu en la préfente Requête, les Suppliants y joindront les Pièces fuivantes, rangées fous vingt-deux numéros indiqués dans le courant de la Requête. La première eft l'Arrêt rendu par le Parlement de Rouen, le feize Juillet mil fept cent foixante dix-huit, & annullé par lui-même le vingt-un Décembre fuivant. La feconde eft une collection des différentes dénonciations, fuppliques, fommations & défiftemens fignifiés au fieur Procureur-Général par le Comte de Lally-Tolendal & fes parens, en date des 3 Septembre & 2 Décembre 1778. La troifième eft l'Arrêt rendu par le Parlement de Rouen fur le réquifitoire y inféré, en date du 20 Décembre 1778. La quatrième eft l'Arrêt qui a joint au fond la Requête préfentée en Avril 1779, par le Comte de Lally-Tolendal, au Parlement de Rouen, à fin de communication de Pièces. La cinquième eft une note indicative de la Procédure faite au Parlement de Rouen fur le fond du Procès, dont on n'a pas pu fe procurer l'expédition. La fixième eft la fommation faite par le fieur Duval d'Efpréménil, au fieur Comte de Lally-Tolendal, en date du 9 Août 1779. La feptième eft la Requête d'intervention préfentée par ledit fieur Duval, avec l'Arrêt ou Ordonnance de la Cour, qui a renvoyé à l'Audience, & la fignification qui en a été faite au fieur Comte de Lally-Tolendal. La huitième eft le premier Plaidoyer fignifié de mondit fieur Duval d'Efpréménil. La neuvième eft le Plaidoyer prononcé par le Suppliant. La dixième eft le premier Arrêt rendu par le Parlement de Rouen fur le premier incident, le 8 Mars 1780. La onzième eft copie de l'Arrêt rendu le 9 Mars par le Parlement de Rouen, pour défendre les applaudiffemens & rumeurs. La douzième eft la copie des Regiftres du Parlement de Rouen, & de l'arrêté qui a décidé qu'il y avait lieu à la récufation du fieur de Coltot, en date du 10 Mars 1780; on a refufé d'en délivrer une expédition en forme. La treizième eft copie de l'arrêté pris fur la dénonciation faite à la Chambre entre les deux Audiences du même jour. La treizième *bis* eft le fecond Arrêt rendu fur le premier incident, en date du 10 Mars 1780. La quatorzième eft l'Arrêt rendu fur le fecond incident, en date du 15 Mars 1780. La quinzième eft la Requête de la Dame Comteffe d'Aché, & l'Arrêt rendu fur cette Requête, avec la fignification faite au fieur Comte de Lally-Tolendal, en date du 15 Mars 1780. La dix-feptième eft l'Arrêt rendu fur cette réclamation, le même jour. La dix-huitième eft la proteftation de nullité, fignifiée par le fieur Comte de Lally-Tolendal au fieur Duval d'Efpréménil, ainfi qu'à toutes les Parties, & dénoncée au fieur Procureur-Général, le 8 Mai 1780. La dix-neuvième eft une note indicative de l'Arrêt rendu fur la réclamation du fieur Alen de Saint-Wolfton, en date du 24 Avril 1780, lequel Arrêt eft joint à la Requête de caffation originaire dudit fieur Alen. La vingtième eft le Plaidoyer pour le fieur de Poully. La vingt-unième eft la proteftation du même fieur de Poully. La vingt-deuxième eft l'Arrêt définitif, qui a reçu l'intervention du fieur d'Efpréménil, & la reprife d'Inftance de la Dame d'Aché, en date du 12 Mai 1780.

Requéraient a ces Causes les Suppliants, &c. *

Vu aussi la requéte d'ampliation préfentée au ROI en fon Confeil, par ledit Comte de Lally-Tolendal, Capitaine de Cavalerie dans le Régiment des Cuiraffiers, Curateur à la mémoire du feu Comte DE LALLY fon père ; ledit fieur ALEN DE SAINT-WOLSTON, Lieutenant-Colonel à la fuite du Régiment de BERWICK, & Major Général de l'armée de l'Inde ; & ledit fieur DE POULLY, ci devant Prévôt-Général de la même Armée :

CONTENANT, A L'ÉGARD DU COMTE DE LALLY; que depuis la préfentation de fa Requête en caffation contre les différens Arrêts rendus par le Parlement de Rouen, foit relativement à l'intervention du fieur Duval d'Efpréménil, foit relativement à la reprife d'Inftance de la Dame veuve d'Aché, plufieurs imprimés lui font parvenus, les uns fignifiés, les autres publiés par fes Adverfaires.

Dans tous les cas, le Suppliant regarderait comme un devoir de les joindre à fa production, pour montrer combien il eft loin de vouloir diffimuler les moyens qu'on lui oppofe, & de chercher à furprendre la Religion du Confeil. Il n'a même aucun mérite à ufer de cette franchife, parce qu'en vérité les armes que lui fourniffent fes ennemis, font les plus victorieufes qu'il puiffe employer contre eux. Le fieur Duval pofe par-tout pour première propofition, *qu'il peut agir*, & par-tout on l'arrête fur cette première propofition ; & par-tout, le renverfement de cette première propofition, difpenfe même d'examiner celles qui la fuivent ; & par-tout, ce renverfement s'opère par deux phrafes feules. Eft-ce civilement que vous prétendez *pouvoir agir* ? La Loi vous le défend, elle eft formelle : *Injuriarum actio in hæredem non tranfit.* Eft-ce criminellement que vous prétendez *pouvoir agir* ? L'Ordonnance vous le défend, elle eft formelle : *le Procès*

*ne pourra être fait au cadavre ou à la mémoire d'un défunt,
si ce n'est pour crime de lèze-Majesté divine ou humaine, duel,
homicide de soi-même, rebellion à Justice.* Ces deux phrases
seules répondent à tous vos moyens, à toutes vos allégations, à toutes vos suppositions faites & à faire.

Mais indépendamment de la raison générale, qui porte le
Suppliant à vouloir éclairer ses Juges par tous les moyens
possibles, plusieurs motifs particuliers, & aussi légitimes
qu'ils sont puissans, lui font une loi de fixer les yeux du
Roi & de son Conseil sur ces divers imprimés.

Du nombre de ces Pièces, est le second Plaidoyer prononcé par le sieur Duval, en l'absence du Suppliant. Ceux
qui l'ont entendu & qui le lisent aujourd'hui, assurent que
l'événement a vérifié leur prédiction, & qu'ils avaient raison
de dire que le sieur Duval ne ferait jamais imprimer, dans
leur totalité, ni les injures révoltantes qu'il n'a cessé de se
permettre, ni les maximes séditieuses dont il les a accompagnées. Ceux qui le lisent aujourd'hui & qui ne l'ont point
entendu, ne conçoivent pas que la haine & la témérité aient
encore pu aller plus loin, & qu'il ait pu se commettre des
excès au-delà de ceux qu'ils voient.

Non content de la publication de ce Plaidoyer, le sieur
Duval a imaginé d'en détacher les trente-trois pages qu'il a
jugé être les plus injurieuses, pour les réimprimer, pour les
publier séparément, enfin pour en faire, sous le titre d'*Extrait*, un résumé & une espèce de *dictionnaire portatif* des
calomnies qu'il avait accumulées contre les Comtes de Lally

père & fils, & contre tout ce qui était coupable à ſes yeux
d'avoir accueilli leur Cauſe. Ce n'eſt pas tout : lui qui invoque
à ſi grands cris *les Réglemens de la Librairie* ; lui qui, prêtant
à ces Réglemens une ſévérité, ou plutôt une abſurdité qu'ils
n'ont jamais eue, va juſqu'à déclarer illicite, l'impreſſion
d'une réclamation prononcée en pleine Audience, & ſignée
du Suppliant faiſant les fonctions d'Avocat, il ajoute à cet
Extrait, il imprime, il publie à la ſuite de cet *Extrait*, après
ſon Jugement, hors de Cauſe, deux faits qu'il avoue lui-même
n'avoir pas plaidés ; deux faits qui n'ont, & qui ne peuvent
avoir aucun trait ni à lui ni à ſon oncle ; deux faits qui,
quand même ils ſeraient vrais, n'annonceraient qu'une ma-
lignité gratuite dans celui qui les révélerait, & qui étant, l'un
horriblement dénaturé, & l'autre horriblement controuvé,
ne laiſſent plus, quoi qu'on en ait, d'autre nom que le nom
de calomniateur, pour déſigner l'être quelconque qui a altéré
le premier, & qui a inventé le ſecond.

Le Suppliant ſe propoſe de répondre par la ſuite, en détail,
à tous ces écrits, & il ſe borne aujourd'hui à préſenter, dans
un Mémoire particulier, quelques obſervations ſommaires ſur
l'*Extrait* : mais parmi les imputations perſonnelles qu'on s'eſt
permis de lancer contre lui, il en eſt une ſur laquelle il doit
inſiſter dans cet inſtant.

A la page 28 de cet *Extrait*, il ſe trouve accuſé d'avoir
manqué à ce qu'il devait au Conſeil du Roi, d'avoir tenu *une
marche qui n'était pas reſpectueuſe pour le Conſeil du Roi*. Le
ſieur Duval eſt conſtant dans ſa manière. Il a tout mis en uſage
pour que le Parlement de Rouen vît un objet de haîne dans

le

le Suppliant ; & il cherche maintenant à provoquer, s'il est possible, le même sentiment de la part du Conseil.

On a vu par la Requête en cassation du Suppliant, combien il était éloigné d'un pareil système *. On a vu que, par délicatesse, il a craint de détailler les outrages trop réels & trop multipliés, faits par son Adversaire, & à la dignité, & aux vertus, soit des Magistrats du Conseil, soit des Ministres ou autres personnes que le Roi honore d'une confiance à laquelle la Nation entière applaudit. Mais il est aussi par trop intolérable, de voir le sieur Duval rejetter sur les autres, les excès dont lui seul s'est rendu coupable. Il est un point où la modération finit, & où la lâcheté commence. Si le Suppliant a dû chercher à ne pas s'écarter de l'une, il doit encore plus chercher à ne pas approcher de l'autre. Il le demandera donc avec toute la force que la vérité est faite pour inspirer : quel est l'homme qui ose l'accuser de n'avoir pas respecté le Conseil du Roi ?

* Voyez ci-dessus page 25.

C'est le même homme qui, dès le debut de son Plaidoyer, s'écrie qu'*on n'entendrait pas sa voix, s'il avait su étouffer l'horreur de l'injustice* (page 7). Or, quelle est cette *injustice horrible* dont il prétend parler ? Ce n'est pas celle des Magistrats de Rouen : ils n'avaient encore rien jugé, & quatre lignes plus bas, le sieur Duval les assure qu'*il connaît leur équité, que leur courage rassure le sien.* Ce n'est pas celle des Magistrats de Paris : selon le sieur Duval, ils n'ont rien jugé qui ne fût juste, qui ne fût légal ; il va jusqu'à dire aux nouveaux Juges (page 51), qu'*il espère que leur Arrêt sera conforme à celui de Paris.* Reste donc que cette *injustice horrible* a été

R

commife par le Confeil du Roi, lorfqu'il a caffé l'Arrêt de 1766.

C'eft le même homme qui, dans le même début, s'écrie qu'il n'a pas *fu pâlir à l'afpect d'un crédit ufurpé ;* qu'il vient *braver les efforts d'un Parti déchaîné contre les Loix ;* que *la Majefté Royale eft compromife, la puiffance des Loix affaiblie, la foi des Arrêts anéantie.* Eh ! que fignifient, que peuvent fignifier toutes ces déclamations, fi ce n'eft que le Confeil du Roi, en caffant l'Arrêt de 1766, s'eft livré fervilement à l'influence, a *pâli à la feule apparence d'un crédit ufurpé ;* que le Confeil du Roi a été, ou l'agent, ou l'efclave, ou le complice de ce *Parti déchaîné contre les Loix ;* que *la Majefté Royale eft compromife* par l'Arrêt que le Confeil a rendu au nom du Roi ; *la puiffance des Loix affaiblie* par l'Arrêt que le Confeil a rendu contre le vœu des Loix ; *la foi des Arrêts anéantie* par la caffation que le Confeil a prononcée contre l'Arrêt jufte & légal de 1766 ?

C'eft le même homme qui, à la fuite de ce même début (page 9), après s'être fait la queftion que tout le monde lui fait encore aujourd'hui, *où voyez - vous ce parti ?* répond : *Je le vois dans la facilité avec laquelle on eft parvenu à taire ou à déguifer les crimes du Comte de Lally au Souverain que le Ciel nous a donné.* Eh ! Qu'entend-t-on, que peut-on entendre par ces difcours, fi ce n'eft que le Confeil du Roi qui a eu fous les yeux les charges, les informations, tout le Procès du Comte de Lally, y a vu les preuves de tous fes *crimes,* les a volontairement enfevelis, a volontairement fait triompher l'injuftice, s'eft ligué avec les Dépofitaires de l'autorité , avec les Miniftres qui entourent le Trône, pour en écarter la juftice & la vérité , pour *taire* , pour *déguifer au Souverain* ce qu'on devait lui dire & ce qu'on devait lui montrer , en un mot pour tromper le Roi , & pour faire fervir fon nom facré à la fubverfion de toute juftice & de toute vertu ?

C'eft le même homme qui , dans ce même Plaidoyer (page 13) , s'écrie, en parlant du Suppliant : *Ses faciles fuccès l'ont aveuglé ; il a vaincu , mais le temps fait juftice de fes triomphes défavoués par la vertu , & ce temps qui remet tout à fa place , ce temps dont le flambeau facré brille toujours devant les loix , vous a confié fes armes redoutables : employez - les puifqu'on le veut.* Or quel a été le feul *fuccès* , quel a été le feul *triomphe* du Suppliant ? la caffation de l'Arrêt de 1766 prononcée par le Confeil du Roi. C'eft donc cette caffation , c'eft donc l'Arrêt prononcé par le Confeil du Roi , qui eft *défavoué par la vertu.* C'eft donc le Confeil du Roi qui a *mis tout hors de place* , & qui *veut* que les Juges d'un Parlement *emploient les armes redoutables que leur a confiées le temps , dont le flambeau brille devant les loix.*

C'eft le même homme qui , dans le même Plaidoyer (page 25) , en voulant juftifier le terme de 24 heures qu'il avait defpotiquement fixé au Suppliant pour répondre à fa fommation, s'écrie : *Le terme eft court ; mais j'avais de bonnes raifons pour ne pas le prolonger... Paris n'eft qu'à trente lieues ; je n'ai pas cru devoir mettre au hafard , par un délai plus long , l'exiftence de mon intervention.* Que démêle - t - on , que peut-on démêler au milieu de l'obfcurité de cette phrafe , fi ce

n'eſt l'envie de fortifier toujours l'idée révoltante que le crédit, la brigue, ſont les ſeuls moyens du Suppliant, le ſeul
principe de ſes *ſuccès*, de ſes *triomphes* ; que les Miniſtres,
que le Conſeil, ſont prêts à commettre pour lui toutes les injuſtices qu'il demandera, & à fermer à ſes Adverſaires juſqu'à l'accès des Tribunaux ?

C'eſt le même homme qui, dans ce même Plaidoyer
(pages 9, 10, 40) en parlant, on ne ſait pourquoi, d'une
lettre qui lui eſt totalement étrangère, d'une lettre adreſſée
par le Suppliant à un Miniſtre reſpectable, & devenue publique, s'écrie avec cette morgue tribunitienne aujourd'hui
ſi ridicule : *Qu'eſt- ce qu'une lettre ſignée de vous & imprimée
au N° 14 du quatrieme volume du Courier de l'Europe, de
ce papier purement politique qui n'eſt pas ſous l'inſpection des
Magiſtrats ?... Que ſignifie ce ſoin particulier avec lequel
vous avez tenu ſecret votre Mémoire au Conſeil ?.... Ce Mémoire eſt un Libelle, cette lettre en eſt un autre, moins horrible
ſans doute :* IL LE FALLAIT, PUISQUE VOUS L'ADRESSIEZ A
UN MINISTRE QUI DEVAIT RÉPONDRE AUX LOIX DE SA PU-
BLICITÉ.... *C'eſt à la Nation que je défere, ſous les auſpices
de la loi, aux pieds de ſes Miniſtres, cette fameuſe lettre
adreſſée par vous au Comte de Vergennes,* ET POUR LAQUELLE
ON NE PRÉVOYAIT PAS LE COMMENTAIRE D'UN CITOYEN
VÉRIDIQUE, ENTOURÉ D'HOMMES LIBRES, DEVANT DES MA-
GISTRATS INTÈGRES.... & à la page 1; de ſon *extrait*, au
ſujet d'un autre article du Courier de l'Europe, auquel le
Suppliant n'avait pas eu la moindre part : *Je crois devoir vous
apprendre, MM, que j'en ai porté mes plaintes ; que j'ai voulu
faire inſérer au Courier de l'Europe un article tendant à ré-

tablir la vérité; que mes inflances, que mes prieres n'ont pas eu de fuccès, & même que je n'ai pu trouver d'autorité en France pour les accueillir. Voyez fi j'avais tort de dire que tout le monde n'a pas les mêmes facilités que mon Adverfaire pour difpofer publiquement d'une feuille dans les Journaux. Mon crédit ne va pas jufqu'à pouvoir faire inférer un article de vingt lignes dans une feuille périodique, autorifée en France (trois points). *Mais j'aurai pour moi, MM., la loi, la vérité, la juftice.* A quoi tend, à quoi peut tendre tout ce fatras, tout cet affemblage bizarre de plaintes, de rodomontades, & prefque de menaces, fi ce n'eft à accréditer toujours de plus en plus la fable de ce prétendu parti, de ces prétendues brigues, de ce prétendu crédit qu'on veut faire regarder comme le feul mobile du Confeil & le feul fondement de fon Arrêt?

C'eft le même homme qui, s'affimilant modeftement à un des plus grands Héros de l'ancienne Rome (page 57), s'écrie toujours avec la même morgue & la même emphafe : *Encore un mot ; c'eft le dernier.* Ce mot eft d'un ancien QUE L'ASPECT DES COURTISANS N'AURAIT PAS DÉCONCERTÉ ; *il ne fera donc pas déplacé dans notre Caufe : J'apporte dans le pan de ma robe ou la paix ou la guerre.* Qu'inférera-t-on, que peut-on inférer de cette parodie déplorable, fi ce n'eft toujours que le Suppliant ne doit le Jugement qu'il a obtenu qu'à des *intrigues de Cour?*

C'eft le même homme qui, en adreffant aux Loix une lamentation éternelle, & en les remerciant des *infpirations fublimes* qu'il prétend en avoir reçues, les conjure de *parler,* de *se montrer à ses Juges*, de *les affermir contre l'intrigue*, de *l'emporter avec eux sur le crédit*, & s'écrie enfin (pag. 58) : *Peignez - leur les dangers qui vous menacent, les outrages que vous avez reçus. L'instabilité des Jugemens, le simptôme le plus funeste de l'affaiblissement des principes, du déclin des Empires, se fait sentir dans le Royaume qui n'y résistera pas, si vos Ministres découragés, si les* VRAIS CONSEILS DES ROIS, *n'opposent pas toutes les forces au torrent des nouveautés.* Que voit - on, que peut - on voir dans une telle invocation, si ce n'est que le Conseil du Roi, lorsqu'il a cassé l'Arrêt de 1766, n'a ni *entendu*, ni *vu* les loix ; qu'il a cédé à *l'intrigue* & au *crédit*; qu'il a mis ces loix en *danger* ; qu'il les a *outragées* ; qu'il a *affaibli les principes* ; qu'il a fait pencher *l'Empire* vers son *déclin ?* Et que dire de la maniere dont le sieur Duval applique ici cette qualification de VRAIS *Conseils des Rois* ; comme si le Tribunal qui, par *l'instabilité* précieuse *des Jugemens* illégaux, maintient la stabilité de la Justice, n'était que *le Conseil* FANTASTIQUE *des Rois* ; comme si la même autorité qui seule a créé, qui seule fait exister tous les Tribunaux, ne s'était pas réservé le droit de les juger tous dans ce Conseil suprême !

Enfin c'est le même homme qui, dans son second Plaidoyer (page 269), qui, dans son extrait (page 28), après avoir dit en quatre lignes les deux contraires ; après avoir dit dans la première, que le Suppliant avait *affirmé n'avoir pas demandé une Commission* ; après avoir dit dans la quatrième, que le Suppliant était convenu qu'il en avait demandé une, lui adresse ces paroles inconcevables : *Ici qu'avez-vous dit ? J'ai demandé au Roi un Tribunal composé de Lieu-*

tenans - Généraux & de Magiſtrats (huit points). *D'abord ce Tribunal était une Commiſſion* (huit points). *Mais de quels Magiſtrats ? Achevez donc. Vous n'avez pas oſé le dire* (huit points), *il faut donc que je le diſe pour vous* (huit points), *de Lieutenans - Généraux & de Magiſtrats* (ſix points), *du Conſeil* (ſix points). Que voit - on, que peut - on voir dans toutes ces interpellations, dans toutes ces réticences, dans ces points innombrables dont chaque mot eſt entrecoupé , ſi ce n'eſt le plus ſanglant & le plus hardi de tous les ou-trages pour les Magiſtrats du Conſeil ?

Et le même homme qui a écrit, qui a imprimé tout ce qu'on vient de lire, qui en a débité plus encore, eſt celui qui accuſe le Suppliant de n'avoir pas reſpecté le Conſeil du Roi ! Et comment le Suppliant a - t - il manqué à ce devoir, par où a - t - il pu encourir ce reproche ? parce qu'il a demandé les Magiſtrats du Conſeil pour Juges de ſon père, quoiqu'ils eûſſent déja préjugé ſon innocence, en opinant pour la caſſation. *Cette marche*, dit le ſieur Duval, *n'eſt pas ferme, elle n'eſt pas d'un homme ſûr de ſa cauſe,* ELLE N'EST PAS RESPECTUEUSE POUR LE CONSEIL DU ROI. *Vous dites que ſon ſentiment en faveur de l'innocence de votre père eſt établi par la caſſation, & vous demandiez qu'il jugeât cette inno-cence déja examinée, déja reconnue par lui ? Votre maniere d'honorer les Magiſtrats eſt bien étrange !* le Suppliant avoue qu'il n'a pas encore pu atteindre à la ſublimité de ce raiſonne-ment. Il ne comprend pas comment il manquait à ſa cauſe , en demandant des Juges qui, déja inſtruits, étaient en état de la décider ſur le champ. Il ne comprend pas comment il manquait aux Magiſtrats du Conſeil , en les demandant pour

Juges d'une innocence qu'ils avaient *déja examinée* , pour Vengeurs d'une innocence qu'ils avaient *déja reconnue.* Il ne comprend pas comment *l'examen* que des Magiftrats ont fait d'une affaire, comment la *connaiffance* que des Magif- trats ont acquife d'une affaire , eft un titre pour les exclure du jugement de cette affaire. Il ne comprend pas fur-tout comment il pourrait jamais avoir à rougir d'avoir demandé à être jugé par les Magiftrats du Confeil.

Vous n'avez pas ofé les nommer ! Ah !.... Le Suppliant les a nommé vingt fois dans le cours de fes Plaidoiries ; il ne ceffera de les nommer tant qu'il exiftera ; & jamais il ne les a nommés , jamais il ne les nommera qu'avec tranfport, qu'avec attendriffement, qu'avec une vénération religieufe. C'eft par eux qu'il a cru aux loix & à l'équité. C'eft au mi- lieu d'eux qu'il a trouvé la juftice fans follicitations & fans cabale , fans faibleffe & fans prévention , telle que l'opprimé la défire , telle que l'oppreffeur la redoute , telle que l'homme vertueux la conçoit , telle que le Ciel l'a créée. La demande qu'il a faite autrefois d'être jugé par eux , non - feulement il l'avoue, mais il la renouvelle avec plus d'ardeur que ja- mais, & foumis d'avance au choix quelconque qui fera fait, il ofera cependant prendre acte aujourd'hui de fa réclama- tion , pour rappeller un jour , dans le cas où la même pré- vention perpétuerait autre part les mêmes erreurs , qu'il avait indiqué le feul moyen de les prévenir , qu'il avait demandé les feuls Juges peut - être de qui l'on puiffe attendre avec fondement , & de qui l'on puiffe exiger avec juftice l'im- partialité exceffive qu'exige fon Procès, dans le choc per- pétuel des paffions innombrables qui s'y agiteront jufqu'à la fin.

fin. Et le Suppliant ne croira point que les Magiſtrats du Conſeil puiſſent jamais trouver ſa réclamation injurieuſe. Et il y a en vérité une eſpece de folie à vouloir chercher une inſulte dans un hommage éclatant de reſpeɛt & de con-fiance.

Le Suppliant ne s'étendra point ici ſur les autres impu-tations contenues dans les écrits du ſieur Duval; il attendra , pour les diſcuter à fond, que l'inſtant d'en pourſuivre la ven-geance ſoit arrivé ; mais il ne peut ſe diſpenſer de faire dès aujourd'hui des réſerves expreſſes ſur cet objet , & il ſaiſira cette occaſion pour donner un développement néceſſaire aux concluſions portées dans ſa Requête en caſſation.

A L'ÉGARD DU SIEUR ALEN ET DU SIEUR DE POULLY; ils ſe joignent au Comte de Lally - Tolendal pour manifeſ-ter le même déſir d'éclairer complettement la religion du Conſeil, pour adhérer aux concluſions ampliatives qu'il va prendre , & pour former les mêmes réſerves ſur le genre par-ticulier de léſion qu'ils ont éprouvé de la part du ſieur Duval.

ET TANT POUR JUSTIFIER LE CONTENU, que pour remplir l'objet de la préſente Requête, les Supplians y joindront, 1°. le *Plaidoyer* imprimé *pour la dame veuve d'Aché & pour le Curateur à la mémoire du feu Comte d'Aché* : 2°. le vo-lume intitulé, *Correſpondance des ſieurs de Leyrit & de Lally ; avec les notes du premier* , imprimé & publié autrefois, réim-

S

primé & publié aujourd'hui par le fieur Duval d'Efpréménil :
3°. le *Précis* imprimé *des* prétendus *moyens de droit* dudit
fieur Duval : 4°. fon *fecond Plaidoyer* imprimé : 5°. l'*Extrait*
imprimé de ce même Plaidoyer, avec les obfervations-fom-
maires manufcrites du Comte de Lally.

RÉQUERAIENT A CES CAUSES LES SUPPLIANS qu'il plût
à Sa Majefté leur permettre de joindre à leurs Requêtes en
caffation, la préfente & les imprimés y énoncés ; en conféquence, par ampliation de leurs conclufions précédemment
prifes, & pour plus d'explication en icelles, caffer & annuller les huit Arrêts du Parlement de Rouen, des 11 Août
1779 ; 8, 10 & 15 Mars ; 19 & 24 Avril, & 12 Mai
1780, & généralement toute la procédure relative, foit à
l'intervention du fieur Duval d'Efpréménil, foit à la demande en reprife d'inftance de la dame d'Aché ; caffer &
annuller pareillement toute la Procédure faite fur le fond du
Procès Criminel renvoyé à ce Tribunal par Arrêt du Confeil
du 25 Mai 1778, depuis & excepté l'Arrêt du 21 Décembre
1778, qui a nommé le fieur Comte de Lally fils Curateur
à la mémoire de fon père ; remettre toutes les Parties au
même & femblale état où elles étaient immédiatement après
ledit Arrêt du 21 Décembre 1778 ; ce faifant, évoquer à
elle & à fon Confeil ledit Procès Criminel ; & dans le cas
où Sa Majefté ferait difficulté de nommer le Tribunal mixte,
compofé de Magiftrats & d'Officiers Généraux, que les Supplians avaient originairement demandé, renvoyer le tout pardevant les Requêtes de l'Hôtel au Souverain, les quatre

quartiers affemblés, pour y être ledit Procès inftruit & jugé conformément à l'Ordonnance , fauf aux Supplians à y demander la disjonction des faits purement Militaires, dont la connaiffance , circonftances & dépendances , n'a jamais pu , ne peut , & ne pourra jamais appartenir qu'à un Confeil de Guerre, que le feu Comte de Lally n'avait ceffé de réclamer ; & encore fous la réferve de fe pourvoir par-tout où il appartiendra , & pardevant Sa Majefté même , s'il y échet, pour le préjudice énorme que leur a caufé ledit fieur Duval , pour les Écrits & Libelles dont il a déja inondé toute la France, & pour ceux qu'il pourrait encore enfanter par la fuite , ainfi que pour la réimpreffion & publication des Arrêts dont les Supplians avaient obtenu la caffation. Vû la Requête fignée , LE COMTE DE LALLY - TOLENDAL , & VOILQUIN, Avocat des Supplians. Ouï le rapport du fieur DE BERTRAND-MOLLEVILLE , Chevalier, Confeiller du Roi en fes Confeils , Maître des Requêtes ordinaire de fon Hôtel , Commiffaire à ce Député ; après en avoir communiqué aux fieurs D'AGUESSEAU, Doyen du Confeil, LE PELLETIER DE BEAUPRÉ , DE SAUVIGNY , DE LA MICHODIERE, D'ORMESSON, DU FOUR DE VILLENEUVE, VIDAUD DE LA TOUR & LAMBERT, Confeillers d'Etat, auffi Commiffaires à ce députés :

LE ROI, EN SON CONSEIL , ayant égard auxdites Requêtes , a caffé & caffe lefdits Arrêts du Parlement de Rouen, des 11 Août 1779 ; 8, 10 & 15 Mars, 19 & 24 Avril & 12 Mai 1780 ; & toute la Procédure relative à l'intervention du fieur Duval d'Efpréménil , & à la demande

en reprife d'Inftance de la Dame d'Aché ; comme auffi la
Procédure qui aurait été faite dans ledit Procès criminel,
depuis l'Arrêt de ladite Cour, du 15 Mars 1780. Ce faifant,
a évoqué & évoque à foi & à fon Confeil ledit Procès criminel, & l'a renvoyé & renvoie au Parlement de Dijon, circonftances & dépendances, pour, à la pourfuite du Procureur-Général de Sa Majefté en fondit Parlement de Dijon,
être procédé en la forme portée par l'Ordonnance à l'Inftruction & Jugement dudit Procès, ainfi qu'il appartiendra ;
à l'effet de quoi les Charges, Informations & Procédures
dudit Procès feront envoyées au Greffe de fondit Parlement de Dijon ; à quoi faire, le Greffier du Parlement de
Rouen contraint, même par corps, quoi faifant déchargé.
Ordonne que lefdits fieurs Alen, de Poully, & autres accufés en état de prife de corps, feront tenus de fe remettre dans
les prifons du Parlement de Dijon ; leur accordant Sa Majefté les chemins pour prifor. Sur la demande en nullité des
Arrêts rendus fur le fonds dudit Procès criminel dans lefquels
le fieur Coltot, Confeiller audit Parlement de Rouen, a été
Juge, ainfi que des Procédures faites depuis le 22 Décembre
1778, a mis & met les Parties hors de Cour, fauf à y être
pourvu ainfi qu'il appartiendra par fondit Parlement de Dijon.
Donne acte audit fieur de Lally-Tolendal & autres Parties,
des réferves portées dans leurs Requêtes. Ordonne qu'il fera
paffé outre à l'Inftruction & Jugement dudit Procès criminel,
nonobftant toutes oppofitions au préfent Arrêt, & que l'a-
mende fera reftituée auxdits Demandeurs ; à quoi faire le
Receveur fera contraint, quoi faifant déchargé. Fait au Confeil d'État privé du Roi, tenu à Verfailles, le trente-un Juillet
mil fept cent quatre-vingt. Collationné, *figné*, MAGNIER.

LOUIS, par la grace de Dieu, Roi de France et de Navarre : A nos amés & féaux Conseillers les Gens tenans notre Cour de Parlement de Dijon, Grand'Chambre assemblée : Salut. Suivant l'Arrêt ci-attaché sous le contre-scel de notre Chancellerie, cejourd'hui rendu en notre Conseil d'État privé, sur la Requête de nos chers & bien amés Tro-phime-Gérard, Comte de Lally-Tolendal, Capitaine de Cavalerie dans le Régiment des Cuirassiers, Curateur à la mémoire de feu son père, Thomas-Artur, Comte de Lally, Seigneur de Tolendal, Lieutenant-Général de nos Armées, &c. Luc Alen de Saint-Wolston, Lieutenant-Colonel d'Infanterie, ci-devant Major du Régiment de Lally, & Major-Général de l'Armée de l'Inde; & Jacques de Poully, ci-devant Grand-Prévôt de la même Armée; nous avons évoqué à nous, & renvoyé par devant vous, le Procès attribué autrefois à la Grand'Chambre de notre Parlement de Paris, par Lettres-Patentes des 12 Janvier, & premier Avril 1764, & renvoyé depuis au Parlement de Rouen, par l'Arrêt de cassation rendu en notredit Conseil, le 25 Mai 1778. A ces Causes, vous mandons procéder à l'exécution dudit Arrêt de cejourd'hui, ainsi qu'il y est porté, & rendre aux Parties bonne & brieve justice. Commandons en outre au premier notre Huissier ou Sergent, sur ce requis, faire pour l'entière exécution dudit Arrêt, à la requête de tous qu'il appartiendra & par-tout où besoin sera, tous Actes de Justice & Exploits requis & nécessaires : de ce faire lui donnons pouvoir, sans, pour ce, demander autre permission, ni paréatis, nonobſtant clameur de Haro, Chartes Normandes, & Lettres à ce contraires. CAR TEL EST NOTRE PLAISIR. Donné à Verſailles le trente-unième jour de Juillet, l'an de grace mil ſept cent quatre-vingt , & de notre règne le ſeptième. PAR LE ROI EN SON CONSEIL. *Signé* , MAGNIER, *avec paraphe* , & ſcellé en queue d'un ſeau de cire jeaune.

De l'imprimerie de VALADE, rue des Noyers. 1781,